K.G. りぶれっと No. 58

「令和マンションブーム」から考える日本の住宅論

日本社会にとっての「家」

李 建志［著］

目次

はじめに

本稿は、私こと李建志《りけんじ》が、芦屋市に移住しようと試みたことからはじまる、実体験と研究内容をまじえた実践的「住宅」論である。日本の「家」には、日本の特殊な「住宅」事情がからんでいることがわかり、掘り下げるうちにこのような「論」にまで発展したというわけだ。

さて、私は京都の築一〇〇年の町家に住み、充実した暮らしをしている。しかし、どうしても私の勤務している関西学院大学に程近い場所に拠点を得なければならなくなった。それは、私が難病におかされて（コラム1参照）、自宅から関西学院大学まで片道一時間半もかけて通うのが難しくなったことと、妻の齋藤由紀が神戸市須磨区にある神戸女子大学に移ったことから、ふたりにとって便利な第二の住居を阪神間にかまえようと考えたことからはじまる。ゆえにこれは、体験的「住居論」となるわけである。

私たち夫婦は、阪神間の拠点として芦屋市がいいと考えた。なぜならば、バブル崩壊（平成三／一九九一年）やリーマンショック（平成二〇／二〇〇八年）を知っている私たちの世代からすると、土地はいずれは値上がりするなどという考え方はもう古く、特定の地域だけが価値保全、資産性の維持が可能であると考えたからだ。大事なお金を使い、大切な時間を費やし、ローンを組んでまで第二の住居を持つのなら、阪神間でもっとも安定的に資産性を維持できる芦屋市がいいと結論づけたわけだ。

仮に芦屋に住居を得たとしても、取得時には私は住民票を芦屋に移し、芦屋市民として生きるつもりであった。しかし、夫婦仲はきわめてよいので、別に「別居」するという話ではない。当然、齋藤由紀も芦屋に居てもらうつもりだし、私だって年末年始などの休暇には京都に戻る気は満々である。しかし、芦屋での住居選びは、少し勉強しなければならない部分が多かった。なぜなら、最初の住居である京都市の一戸建てとは違い、芦屋ではより簡便に入居ができ、不要になったときに退去（売却）が可能な物件を、と考えていたからである。自然、駅から徒歩一〇分以内にある集合住宅（団地やアパート、マンションと呼ばれる建築物があるが、これらを総称して、以後「集合住宅」と呼ぶこととする）がいいだろうと考えた。できればJR芦屋駅か阪急芦屋駅から徒歩一〇分以内の集合住宅で、新耐震基準なかんずく築二〇年前後のものがいいだろうと考えたのだ（後述）。

もちろん芦屋市ならどこでもいいというわけではない。芦屋市にも価値保全が難しい場所もあるからだ。例えば、芦屋市にはJR芦屋駅など四つの駅があるが、その駅からバスに乗らなければならない位置に立つ集合住宅があったとして、そこがどれだけ眺望に優れていたとしても、将来的にはきっと資産価値は徐々に目減りしていくことが予想されるからだ(1)。だとすれば、どこがいいのか。

結論からいおう。芦屋市には北から順に阪急線、JR線、阪神線という三つの鉄道路線が東西に走っている。このなかでもJR芦屋駅を中心として、駅から徒歩圏内にある築二〇年前後の集合住宅を手に入れようと考えた。難病をおして仕事をする私が、駅から一五分も歩いていたら世話はない。齋藤由紀もあくまでも本宅である京都の家は放棄しないが、私のために芦屋に来てもらうことになるだろう。彼女の本務校のキャンパスがJR須磨駅からバスに乗らなければならない位置にあるため、JR芦屋駅徒歩一〇分以上となると、あるいは芦屋でもバスを使うことなども想定せざるを得ない。もしそうなった場合、乗り換えの回数や手間などの問題を考えると、望ましくないではないか。もちろん、先に述べたように価値保全の問題もある。「家」を購入するには大金が動く。本論でも述べるが、その「家」の価値が一〇年後にローン残債(2)よりも安くなっていたとしたら、それはつまり「投資失敗」ということを意味するだろう。

本書の6章でも述べるように、現在国土交通省は「用途適正化」をすすめており、なかでも住宅地に居住者を誘導する「居住誘導区域」というものが設定されている。京阪神間でいうと、この「居住誘導区域」の指定を唯一受けていないのが芦屋市だ。大津から京都市を経て高槻市、茨木市など大阪府の各市、尼崎市、西宮市、そして神戸市、明石市というすべての町で、人口減少を食い止めようとこの「指定」を受けるべく市議会に諮り、議決されている。しかし、芦屋市だけはこれをいまのところ「継続審議」としている。理由は簡単だ、芦屋市には「芦屋市らしい景観まちづくり」が条例できめられるほど「芦屋らしさ」こそが優先されているからだ。規制をゆるめ、どんなかたちであれ居住者を増やそうなどとは、芦屋市はいっさい考えていないということだ。実際、芦屋には歓楽街のようなものはなく、パチンコ屋、マージャン荘、場外馬券場などといったギャンブル施設、キャバクラ店やホストクラブのような接待をともなう飲食店などはつくれない。それどころか、ビジネスホテルの類いもなく、芦屋市中心部にホテルのような宿泊施設があるとすれば、敗戦直後からある老舗のホテル竹園芦屋（JR芦屋駅北口前）が唯一の例外として認められているだけなのである。それだけ、この町には品格があり、希少性が高い町だといえよう。当然、不動産価格が極端に落ちることは考えにくい。

もちろん、国土交通省が公開しているハザードマップによれば、国道二号線より南、とりわけ阪神芦屋駅より南の海に近いところは津波の被害がある可能性が高く、また現在A大学があるあたり（A町）では土砂崩れの危険性が高いという（https://disaportal.gsi.go.jp/）。ゆえにハザードマップとにらめっこして、危険性が薄い地域を選択しないと、集中豪雨による土砂災害や来たるべき南海トラフ地震での津波など、一瞬にして「夢のマイホーム」が奪われかねない(3)。だとすれば、芦屋市の中でも価値保全がしやすい地域とは北は阪急線、南は国道二号線、そしてJR芦屋駅からの徒歩圏内（一〇分以内）すなわち、西は芦屋川沿い、東は宮川沿いという、非常に狭い地域しか該当しない。私はここを、京都市の中心部（諸説あるが、北は御池通から南は五条通まで、東は寺町通から西は堀川通までの地域としておこう）の俗称「田の字」にならって、芦屋の「田の字」と呼んでいる。ここは地価も集合住宅の値段も非常に高いが、代わりに仮にバブル崩壊以降最高額に達している現在の日経平均株価（三二〇〇〇円台、二〇二三年七月現在）が「急落」しても、この地域の地価が急激に落ちることはないだろうと考えている。(4) この「株価」と「不動産価格」を並べると、「それは関係ないのではないか?」という疑問を持つひともいるかも知れない。しかし、例えば専門家の滝島一統氏は、次のようにいっている。

もしも日経平均が下落すれば、不動産価格もそこから半年後くらいには下がっていくものと考えられます。逆に日経平均が上がれば半年後には不動産価格も上がります。日経平均は不動産市況を見るうえで一番簡単な指標の1つなのでぜひ注視してください。相場とは生もので本書を書いている間［二〇二三年夏頃］に日経平均はバブル後最高値を超えました。ただし、このトレンドが数年後も続くかどうかは不透明です。

（滝島、2023年、246頁）

このように、「株価」の影響を受けやすいのが不動産市場なのだ。しかし、仮に日経平均株価が暴落してもすべての地価が下がるわけではないと、私は考えている。いや、本書の6章でも述べるように、この「バブル経済崩壊」以降、日経平均株価最高値を突き進む令和五（二〇二三）年夏現在でも、値段が付かないほど不動産価格が下落している地域の方が、実は多いのである。逆にいえば、日経平均株価が下がっても、東京港区の青山、赤坂、麻布の「3A」地区（後述）は資産価値を維持しやすいはずだ。京都の「田の字」のなかでも特に駅近物件や、私が芦屋の「田の字」と呼んでいる地域などは、資産価値を維持しやすいだろう。少なくとも、これらの地域では不動産価格が暴落することはないと、私は思う。このような資産価値を維持しやすい地区（町）を、「地位《ぢぐらい》が高い町」と、私は呼んでいる。

不動産購入を考える際に、より具体的に個人に関わる問題として、住宅ローン金利も挙げられる。令和五（二〇二三）年夏現在は、住宅ローンが固定金利で一％台、変動金利なら最低で〇・四％前後という安さ（コラム2参照）から住宅購入なかんずく集合住宅購入がブーム化しているが、黒田東彦《はるひこ》前日銀総裁（平成二五／二〇一三年三月〜令和五／二〇二三年四月）が安倍晋三首相（当時）とともにうちだした脱デフレ、マイナス金利政策に終止符が打たれようとしている。植田和男日銀総裁（令和五／二〇二三年四月〜現在）は黒田前総裁の路線をある程度継続するといっているものの、将来的には年二％程度の物価上昇を実現させたいともいっている。これは岸田文雄首相（令和三／二〇二一年一〇月〜現在）の方針と合致している。だとすれば、日本は今後、毎年少しずつインフレをおこす安定成長期――ただし物価だけ上昇して給与所得は変わらないあるいは減少するというスタグフレーションではなく、あくまで経済成長時代を目指すというもの――を目指すわけで、それが成功すれば（計算通りにいくことは少ないが）、物価上昇と連動して住宅ローン金利も二％台あるいは三％ほどまでは上がると見るべきだろう。そういう時代が来れば、いまのような住宅購入熱はある程度冷め、上がりきった住宅物件、特に集合住宅の価格も下がるに違いない。しかし、だとしても先に私が述べたとおり、芦屋のみならず首都圏の一部や関西圏の限定された地区（町）なら、本書の6章に書かれているような地価・不動産価格の暴落はないといえそうだ。

大事なお金を使うのだから、将来性のない不動産に支払うのはもったいない。投資家としての目線を持つことは大切だ。「投資家」ということばに抵抗があるひとがいるのなら、「出口を見据えて」と言い換えてもいい。例えば、老後に介護付老人ホームに入居する資金を捻出したり、あるいは老後の生活水準を維持するために、その物件を売却するという「出口」をちゃんと考えて物件を購入すべきだ。緑は豊かだが、駅からバスに乗って行かなければならない物件なら、将来的に売却する際、駅から近い物件より不利になることぐらいは誰にでもわかるではないか。

もちろん、不動産購入の動機はさまざまだ。あえて「限界ニュータウン」（後述）に安く家を購入し、別宅とする（すなわち、その家は売却の可能性のない「住みつぶし」とする）ことを選択することは、個人の経済活動としては「あり」だと思うし、否定できない。また、私たち夫婦の家は京都の築一〇〇年の町家を改修して住んでいるわけで（齋藤、2015年）、その意味では耐震基準以前の建物（3章参照）に居住していることになる。地震が来たらひとたまりもない「家」を選択して暮らしているわけだ。このように、住居の選択には多様性が認められていいはずだ。しかし、何度もいうように私たちにとっては、それが「第二の住居」だとしても、そこには「出口を考えた購入行動」がどうしても必要だと考える。私の購入した京都の家の場合は、そこまで考えて住居を選択していなかった。ただし、令和五（二〇二三）年現在、京都の中心部は地価がほぼ二倍に上昇したために、結果的には「投資」として成功しているとはいえるが。

このような経験や経緯から、私はずいぶんたくさんの本、論文などを読みあさった。そして、実際にいくつかの物件を見ながら、「なぜ、いま集合住宅がこんなに高く売られているのか」、「どのような物件があとで後悔しないものなのか」ということについて、ある程度自信を持っていえるようになってきた。そこには、研究者的な目線と投資家としての目線が同居しており、決して大きな間違いはないと確信しているのである。それを、本書で開陳していこうというのが、本書の目的のひとつとなる。


話をもとに戻すと、今後もごく一部の地域でのみ地価は高騰あるいは横ばいをつづけ、価値は保全されるといえよう。それに対して、仮に東京都区内でも、芦屋市内でも、集合住宅にせよ土地にせよ、その「値段」は横ばいどころか急激に下っていくところも増えていくだろう。それが中心となる鉄道駅からバスで移動しなければならないような「郊外」なら、ごく一部の例外を除くとなおさらだろう。そして、価値保全ができる地域は限られているので、当然地価は極めて高く、土地付き一戸建てというのは現実的ではなくなってしまう。いきおい、価値保全ができる不動産といえば集合住宅しかあり得なくなるため、集合住宅を投機的に購入する動きも進行しかねない。現在、おおむね三五階以上の高層集合住宅（いわゆるタワーマンション、以下「タワマン」と称する）など、東京湾岸地域や関西中心部を筆頭とした集合住宅の価格が高騰し、それに投資家が株式投資と同じ感覚で投資しているために、集合住宅価格が異常なほどの高騰をしている傾向が見てとれる。これを仮に「マンションブーム」と呼ぶとしよう。そしてそのあおりを受けて、あるいはそれに便乗して、明らかに価値保全が難しい物件まで「芦屋市内だから」とか「東京都区内だから」という理由で値をつり上げているものもなくはない、ということに気づいた。

本書は、私の体験的な側面が強いと述べたが、結論からいうと私の難病が足を引っ張り、住宅ローンが借りられず（コラム1参照）、芦屋の物件を購入できなかったというオチになっている。そこで本書では、この間に学んださまざまな知見を活かし、家づくりから見えてきた日本社会について論じていくことになる。そしてより多くのひとが現実的な「家」として手に入れる集合住宅を中心に考えてみたいと思う。すでに述べたように、私たち夫婦は一〇年以上前に日本のなかでも特殊な位置にある京都という古都の、そのなかでもまた特殊な町家という「家」に暮らしていたがゆえに、その特殊性に鑑みた本を出した（齋藤、２０１５年）。だが今回は、より一般的で身近な住宅問題を考察してみようと思う。もちろん、地域も芦屋から考えはじめたものではあるが、より広い立場で一般的に論じていこうと考えている。その意味では、前著と本書は、特殊性と一般性という両側面から「家」について考える、相互補完の関係にあるといっていいかも知れない。

ではまず、私たちが住居する「家」のなかでももっとも身近な問題として、まず1章で「事故物件」などのことから話してみたいと思う。そして、耐震問題やタワマンと呼ばれる集合住宅の問題などを経て、日本人の平均所得が決して高くなっていないのにもかかわらず、なぜこんなにも不動産価格が高どまりしているのか、日本社会全体の問題として考えてみたいと計画している。

附記　引用文献中の［　］で囲った部分は、引用者（李）の注釈である。また、引用文中の旧漢字は基本的に新漢字にあらためたが、旧仮名遣いに関してはできるだけ残した。

第1章　事故物件から考える「家」

目先を、より読者に近い方向へと変えてみよう。最近、「事故物件」という言葉をよく眼にするようになった。ここにある「事故」とは、「心理的瑕疵」すなわち「嫌だなあ」と思うことを指している。ごく特殊な例を除くと、誰だって殺人事件が起こった部屋に住みたくなどないだろう。また、誰かが自殺した部屋に住みたいというひとも少ないだろう。そのような意味で、ひとの死にかかわってしまった「家」を「事故物件」と呼ぶのである。

大島てるというひとがいる。彼は、事故物件をネット上に公開している（https://www.oshimaland.co.jp）。おそらく、すべての事故物件を網羅しているわけではないだろうが、信用するに足りるほど、幅広く事故物件情報を収集している。彼が注目されるのは、心理的瑕疵というものに対して、僕らが敏感になっているからだろう。例えば、小野不由美という小説家は『残穢《ざんえ》』という「小説」を書き、映画化もされている。この小説では、地方から上京してきた学生が、賃貸で入居するマンションで「奇異な音」＝「シュッという音」とともに、何か着物の帯のようなものが見えるという訴えを、小説家（小野不由美氏自身と思われる小説の主人公）に手紙で送付することから始まる。

「この一室で誰かが自殺したのかも知れない」という思いを持ったその大学生は、不動産屋に事情を訊きに行くが、そのような事例はないという返答。しかし、妙にひとが居着かない部屋があったりするなど、マンションの異常さが次々と明らかになる。そこで行き着いた仮説は、このマンションが建つ前にあった家で、何か不吉な事故があったのではないかということだった。結論からいうと、昭和期後半になって土地不足から郊外にアパートや住宅がつくられていった折、そこには「ゴミ屋敷」があったこと、そのゴミ屋敷の主は孤独死をしているのだが、「何かが床下から出てくる」ことに気を狂わせ、ゴミをあさっては床下に敷き詰めていたこと、ゴミ屋敷ができる前のその場所には、戦前からの工場があり、工場勤務者のための長屋があったのだが、ここで「嬰児の霊」が出ていたということ、工場の前に立っていた家にいた女性が妊娠しており、結婚後間もなく自殺していることなどが芋づる式にわかってくる。

『残穢』の話はここまでにするが、問題は「ゴミ屋敷」のことについて話を訊きに行った小説家と大学生が、地域の町内会長に「新住民と従来からの住民の隔たり」があったことに気づいたことに注目したい。前著である齋藤由紀編著『京都の町家を再生する』にも多少触れていることだが、実はこの「従来からの住民」と「新住民」の間には、見えない壁があるのである。例えば、京都や滋賀県ではいまも「地蔵盆」という行事が盛んに行われている。これは八月末の土、日曜日に、町内で子どもたちのために行われる催しで、まだ少子高齢化など起こっていなかった、すなわち子どもがたくさんいた時代に、それぞれの町内で子どもたちのためのリクリエーション（金魚すくい、パチンコ、当てもの、お菓子配りなど）が行われていたのだが、いまは子どもも少なくなったため、どちらかといえば大人たちの楽しみの場になっている。このとき、「見えない壁」をありありと眼にすることができたようだ。

私の住む町内は、永養寺町《えいようじちょう》という。この町は、五條天神社《てんしんしゃ》という神社の「氏子」ということになっている。(5)この神社は西洞院《にしのとういん》というかつては川が流れていた通りに面している。私の家のすぐそばにある神社だ。西洞院通は、日本敗戦後の「高度経済成長期」に覆蓋されて道路化しているのだが、この神社を中心に永養寺町、高辻西洞院町、天神前町という三つの「町」があり、それらすべてが五條天神社の「氏子」となっている。しかし、それらの関係は対等ではない。一番は永養寺町であり、それに次ぐのが高辻西洞院町、そして天神前町は最下位となっている。これは五條天神社の秋の例祭で眼に見える形で発露される。祭事で壇上に上がるのは永養寺町の町会長・副会長であり、それを補佐するのが高辻西洞院町の町会長・副会長で、座る位置も上座と下座という画然とした「差」がある。さらに、天神前町の人びとは、壇上に上がることが許されていないという「差」あるいは「生々しい区別」があるのだ。詳しくは、前述の齋藤編著（２０１５年）のなかの、私の書いた第一部を読んでもらいたいのだが、私がきいた話として永養寺町では地蔵盆などで高辻西洞院町の子どもとは遊んではいけないといわれていたという。

このような話も、子どもが多くいた昭和の時代で、いわゆる「着物関連産業」が盛んだった昭和半ば（一九六〇年代）の「町衆の力」が強かったことなどが影響しているのだろう。実際、私の家の周囲には、いまも着物関係の事業を営む人びとがひしめいていて、絹織物を晒すために必要な水＝川がそばにあった（西洞院川、小川、堀川）ことなどとあいまって、町衆は力を備えていたのだ。このときのことは、いまとなっては想像するのも難しいほど遠い昔の話になってしまったが、京都は以後、この「着物産業」から脱却しきれず、観光業を東京資本あるいは海外資本によって開発されるという憂き目にあっている。

さて、京都の祭といえば七月の「祇園祭」を想い出すひともいるだろう。これらの祭で活躍する「町内」は、ごく限られた力の強い「町」で、それぞれ贅をこらした「山」を建て、祭のヤマバである宵山などで客を引きつけ、前祭（七月一七日）と後祭（七月二四日）の二回に分けて京都の市中を巡行するというものなのだが、それ以外の「町」では独自の「鉾」である「剣鉾」をつくり、それぞれの神社で独自の祭、巡行をしている。

そのうちのひとつが、永養寺町・高辻西洞院町・天神前町の「祭」なわけだ。祇園祭では八坂神社という京都の中心的な神社に「山」が保管され、祇園祭中にそれぞれの「山」が各「町」に戻され、祭の終焉として神社へ戻される(巡幸される)のだが、それと同じように私たちの町でも剣鉾が巡行される。まず、五條天神社にある剣鉾が永養寺町の「御旅所」に飾られ、祭の終焉とともに高辻西洞院町をめぐって五條天神社へと戻される(天神前町には巡行せず)。このような、「見えない壁」が京都には張りめぐらされているといっていい。

いま私は小さな町内の格付けについて語った。しかし、同じ永養寺町ならば、すべて同格なのだろうか。答えは否である。京都のひとは「丸竹夷二押御池、姉三六角蛸錦、四綾仏高松万五条(丸太町通、竹屋町通、夷川通、二条通、押小路通、御池通、姉小路通、三条通、六角通、蛸薬師通、錦小路通、四条通、綾小路通、仏光寺通、高辻通、松原通、万寿寺通、五条通)」という数え歌にされる東西にのびる道、そして「寺御幸麩屋富柳堺、高間東車屋町、烏両替室衣、新町釜座西小川、油醒井堀川の水(寺町通、御幸町通、麩屋町通、富小路通、柳馬場通、堺町通、高倉通、間之町通、東洞院通、車屋町通、烏丸通、両替町通、室町通、衣棚通、新町通、釜座通、西洞院通、小川通、油小路通、醒ヶ井通、堀川通)」という南北にのびる道を、数え歌にして子どもの頃に憶えるという。この大きな通りのなかで「田の字」といわれる京都の中心街は、おおむね南北は御池通(あるいはそのひとつ北の押小路通)から五条通まで、東西は寺町通から堀川通までといわれている(ひとによって、違う意見もある)。

この数え歌に出てくるような大きな通りに面した「家」を「カドの家」といい、そこに住むひとが「カドのひと」だ。いわゆる「旦那衆」はここに生息している。そして、各町内には「ロウジ(路地)」と呼ばれる、右に記載されていない「通あるいは路」がある。ロウジには二種類あり、次の通りまで突き抜けている「ツシ(辻子)」あるいは「スジ(筋)」と、奥が行き止まりになっている「ロウジ」があるのだが、そこにも当然、家がある。ここに住む人びとを「ロウジのひと」という。この「カドの家」同士、「ロウジの家」同士のつながりは強いが、「カドの家」と「ロウジの家」のつながりは薄いとされる（齋藤、２０１５年、第一部参照）。相互に顔は知っているが付きあいはあまりないというのが実情だといえよう。昨今の少子高齢化および「着物関連産業」の斜陽傾向による京都の町衆の弱体化によって、それもだんだん緩んできているが、かつては町内会長は「カドの家」の旦那からしか選ばれなかったともいう。

さらに問題が複雑化しているのは、最近になって賃貸、分譲などさまざまなかたちで集合住宅が多くつくられるようになったことだ。私の住む永養寺町にもひとつ賃貸集合住宅があるが、ここに住むひとたちは「カドの家」と「ロウジの家」の比ではないほど、町内での付きあいがない。だから、次のようにいうことができる。いまの京都の町は、「カドの家のひと」と「ロウジの家のひと」のほかに「集合住宅のひと」が交わらずに棲み分けられている状況なのだと。私も驚いたのだが、その集合住宅の自治会（管理組合）にもよるが、集合住宅のひとが町内の行事（祭など）に積極的になるかどうかは未知数であり、永養寺町にあるものが分譲（所有権を有する集合住宅）ではなく賃貸専用であるためか、「集合住宅のひと」は祭にも、運動会にも参加せず、当然のように地蔵盆にも招かれない。一方で、分譲集合住宅のひとは、管理組合が町内会に参加することに積極的な場合もあることは指摘しておこう。

話をもとに戻そう。私がこの町に来たばかりの頃、先に登場した『残穢』が刊行され、「事故物件」ということばも市民権を得はじめていた。そして、集合住宅でも「この建物が建つ前に不吉なことがあったら……」という筋書きであったため、町内の集まりでそのようなことを訊ねてみた。すると、即座にこのようなことばが返ってきた。「京都は、応仁の乱とか、幕末とか、敗戦後とか、ものすごい数のひとが死んでる。そんなこといってたら、住むとこなんかなくなる」と。私もそうだろうと思う。だから、「事故物件」にあまり敏感になりすぎるのはよくないだろう。しかし、現在の日本の都市部（首都圏、関西圏、中京圏など）では、むしろ集合住宅が一般的であり、一度建てた鉄筋コンクリートの建物は数十年修繕しながら住み続けるしかない状況であることをふまえると、せめて自分が住む前に「事故」があったところは避けたいところだ。ひとそれぞれ感覚は違うだろうが、やはりここに「線引き」が必要となってくる。

話は少し遠回りになるが、前近代社会と近代社会の最大の違いは何だろうか。その違いのひとつに、私は「時間の経過」を挙げたい。前近代社会では、時間は決して「直線的」ではない。むしろ、「春夏秋冬」という時間を延々と繰り返す「円環的時間」のなかにいたといえよう。こういうと、きっとこのような疑問が浮かぶのではないか。「いや、人間はどんどん歳をとり、死んでしまうではないか。やはり前近代でも時間は直線的だったのではないか」と。これに対しては、次のように答えておこう。前近代社会では、人間の一生も「円環的」だった、と。前近代社会では医療技術の問題や公衆衛生概念が未発達だったこともあり、嬰児死亡率は高かった。だからこそ、日本では「七・五・三」のように、小さい子どもが無事に「生」を享受していることを喜んで、「祝い」を行ってきた。それは、六〇歳という高齢になるまで元気であったことを祝う「還暦」や、七〇歳の「古希」、七七歳の「喜寿」、八〇歳の「傘寿」、八八歳の「米寿」、九〇歳の「卒寿」、九九歳の「白寿」など、人生一〇〇年時代の現代では考えられないほど多くの「祝い」を行ってきたこととも重なる。そして、こうも考えるのだ。子どもが無事に大人になったら、元服させ、父のあとを継がせ、結婚して子どもをつくり、さらにその子どもが大人になったらやはりその孫にも子どものあとを継がせ、歳をとって身体が動かなくなれば隠居し、死んでいく――。この「繰り返す生」が、むしろ「円環的」ではないか、と。逆にいえば、時間は「めぐる」ものであったが故、春に起こるべきこと、夏に備えるべきこと、秋にする祭の準備、冬の寒さを遠ざける知恵などは共有され、仮に何十年に一度の災いがあっても、「村の古老」の記憶やそのときの体験などを開陳してもらうことである程度対応できたのだ。もちろん、限度を超える「災い」――浅間山の大噴火やそれにともなう天明の大飢饉のさらなる悪化、安政の大地震など――の場合はその限りではない。しかし、だいたいのことは「去年通り、例年通り」でなんとかなったのだ。

それに対して、現代はどうだろう。どう考えても、一〇〇年前には考えられなかった「少子高齢化」やそれにともなう年金などの資金不足、地球環境の破壊によるとうてい予想不可能な災い（地球環境破壊による集中豪雨・ゲリラ豪雨の頻発や、温暖化、原発事故など）といった問題が頻出している。これらを想定して動くことはかなり難しく、私たちにできることは「ハザードマップ」（液状化の危険地帯や、活断層がどこに入っているか、津波の危険性はどの程度あるか、土砂災害の危険性はどのぐらいあるかなど）の作成と、万が一の災害時にとるべき行動の周知化など、ほんとうに限られているではないか。

このように、例年通りの行動でなんとかなる社会を「再帰性の強い社会」と呼んでおこう。それに対して、近代社会のような不測の事態ばかりが起こる社会のことを「再帰性が弱い社会」と呼んでおくこととする。このような「再帰性の弱さ」から、私たちは自分たちにできることを精いっぱい行うことで、保身するしかないのである。話しあいによってよりマシなことを選択していく（いわゆる多数決によって、賛成五一：反対四九で、「賛成」を選択するなど）しか手がないのは厳然とした事実である。

だから、こういえるだろう。たしかに狭い日本でのことだ、どこかで「事故」「事件」はあったかも知れない。その「家」ができる前に、その土地に何があったかまでは考えていられないし、その集合住宅が建つ前のその土地にどんな不幸があっても、一度つくってしまったらまず四〇年以上、場合によってはコンクリートの使用限度といわれている一〇〇年は修繕しながら住むしかない集合住宅など鉄筋コンクリートの建物の場合、気にしてはいられない。しかしながら、その集合住宅の「その部屋」で「事件・事故」があったとしたら、やはり知っておいて損はないし、そして避けるべきだと思う。

不動産関係の業界でも、これらの「事件・事故」があった場合、それを「心理的瑕疵（心理的に「嫌だなぁ」と思われがちなキズ）」と呼び、告知義務があるとされている。主な「心理的瑕疵」は、未遂を含む「自殺」や傷害などの「事件」、火災などの履歴がそれに該当する。これを告知しなくとも罰則はないが、業界内での約束事となっている。日本では毎年三万人の自殺者が出ており、その半数が自宅で亡くなっていることを考えると、毎年一万五千件の「事故物件」が量産されているともいえる（2章参照）。いや、ちょっとまって欲しい。それどころではない。私たちの知っている限り、年に何回かは、乗っている電車が「人身事故」によって停まったり、ダイヤが乱れたりしているではないか。この「人身事故」とは、多くは自殺および自殺未遂、あるいは遮断機横断での事故を意味する。しかも、そのうえに騒音問題がある。JRの場合、昼だけではなく深夜の貨物列車の騒音も考慮すべきだし、私鉄でも一年に何度かは深夜に保線工事を行っているため、この問題は大きい。幹線道路なども同じことがいえるだろう。幹線道路の自動車騒音や自動車事故の可能性、深夜のトラック便の騒音も同じだ。こう考えると、多くの鉄道沿線、幹線道路沿いの物件は、「事故物件」に近いものといえるのではないだろうか。

そうなのだ。私たちは「事故物件」をもっと大きく、もっと広い意味で考えなければならない時期に来ているのだ。それは、「再帰性の弱い」近代社会を生き抜くための予防措置でもあり、知恵でもあるのだ。もう、村の古老に教えてもらった方法で生きていくことなどできないのだから。次章では、この「事故物件」に関して、広い意味でとらえ直して、よりストレスのない環境に自らをおくことを目指そうではないか。

コラム1　IDDM（1型糖尿病）と私

私は現在、1型糖尿病という病気にかかっている。この病気は、後半の「糖尿病」の三文字の印象が強いためか、生活習慣病の2型糖尿病と勘違いされることが多い。しかし、この両者は現象こそ同じあるいは似ているものの、病気の性質自体はまったく異なっている。2型糖尿病は、いわゆる境界型2型糖尿病まであわせると、日本に一〇〇〇万人以上の患者がいるといわれている。しかし、その発症原因ははっきりしており、遺伝などの体質の問題こそあれ、基本的には生活習慣――飲酒、炭水化物の摂り過ぎ、運動不足――などによってひきおこされる病気で、食事療法と運動療法で「寛解」に至ることはめずらしくない。それに対し1型糖尿病は、発症原因がいまだ不明なのである。その有病率を示そう。「我が国では、1型糖尿病は極めてまれで、小児期発症患者は年間10万人当たり1・5～2・5人」（田嶼ほか、2018年、3頁）だといい、全体の有病率（患者数÷全人口）は「0・09％（人口10万人あたり約90人）」（同書、4頁）である。

また絶対に寛解しない病気である。私の場合、令和二（二〇二〇）年に「抗GAD抗体」が二〇〇〇以上という値を示し、膵臓内のランゲルハンス島にあるβ細胞が破壊され、β細胞が分泌するインスリン（血糖値を下げるホルモン）が分泌されていない状態であることがわかった。当然、治療方法としては、ひたすらインスリンを自己注射するしかない。

自らが高血糖状態であると知ったのは、人間ドックでの検査結果からだった。そして専門医に詳しく調べてもらうと、「抗GAD抗体」がやはり二〇〇〇を振り切っていることが判明。インスリン治療に入らざるを得なくなった。1型糖尿病の発症原因は不明だと述べたが、いちおうストレス説、ウイルス説などが唱えられている。しかし、どちらも決め手に欠けるうえ、仮にどちらであったにせよ、その発症にいたる段階が明らかになっていない以上、今後も治癒は不可能だと腹をくくるべきだ。第一、β細胞が死滅するから抗GAD抗体が増えるのか、抗GAD抗体が増えるからβ細胞が滅びていくのか、それすらまだわかっていないのだから。

先に有病率0・09%の難病だといったが、それがどのぐらいの確率なのか示してみよう。幸運なことに、私はこの歳までアルツハイマー型認知症（以下、アルツハイマー病）には罹っていない。しかし、若年性のアルツハイマー病という難病もある。六四歳までに発症するとこう呼ばれるのだが、現在の私の年齢（五四歳）でアルツハイマー病の有病率は男性で10万人に51・3人、女性で35・0人、平均で43・2人。これが五九歳となると男性で123・9人、女性で97・0人、平均で110・3人にも上る（以上、東京都健康長寿医療センター研究所・粟田、6頁）そんな若さでアルツハイマー病に罹るなど、なんと不運でなんと辛いのだろうかと、私も同情したくなる。しかし、それと同じくらい有病率が低いのが、私の病気なのだ。こういえば、1型糖尿病は罹患率がかなり低い、それこそ「難病」だとわかってもらえるだろう。

ただし、これは住宅ローンを組む際にはきわめて大きな障害となる。2型糖尿病でも重症になればインスリンの自己注射をすることもある。いわゆる「重症糖尿病」だ。先にも述べたとおり、2型糖尿病は遺伝という側面が強いのだが、世間一般では「暴飲暴食をくりかえしている」というイメージは拭い去ることができない。現実に、ご自身も1型糖尿病を患っている南昌江先生のクリニックには、一三歳の2型糖尿病患者がいるという（南、2018年、25頁）。これが生活習慣病だとはとうてい思えないではないか。このように生活習慣の乱れも、遺伝的要素もないにもかかわらず2型糖尿病に罹患する例はある。そして、インスリンを自己注射している——そうしないと死んでしまう——1型糖尿病患者も、住宅ローン審査を受ける際に団信（団体信用生命保険の略。もしもローンの借主が死んだり働けなくなったりしたら、そのローンは保険が適応されて支払いの義務から解放されるという保険で、住宅ローンを借りる際には必要とされることが多い）の審査では、既往病として「糖尿病」に印をつけざるを得ず（1型、2型の区別をしている住宅ローン審査の既往病欄を見たことがない）、インスリン治療を何カ月以上しているかだけを問われ、その期間が長くまた現在もインスリン自己注射をしているのなら、自動的に「インスリン依存型の重症糖尿病」という枠組に入れられ、審査段階で門前払いの扱いを受けることは珍しくないのだ。先に引用した南先生も、クリニックの近くに「マンションを購入しようと思い」「住宅金融公庫のローン」を申請したが、「インスリン加療中とのことで、住宅金融公庫の保険には入れません」とすげなく断られ、支払った頭金すら返金してもらえなかったという（南、同書、31頁）。要するに、「糖尿病」で「インスリン加療中」とだけ見たら、「生活習慣病に罹り、その上で食生活や運動量をまったく是正しようとせずに、インスリンに頼っている。『寛解』に向けて努力をしていない怠惰な人間だ」とでも考えられてしまうのか。残念だ。

私たち夫婦は、金利が安いからこそ、「第二の家」として芦屋の物件購入を検討したのである。

新しいネット銀行や、最近まで名前も聞いたことのなかった金融機関では、団信なしで貸してくれる住宅ローンもあるというが、当然利率も高くなる。いや、それ以前にそんな聞いたこともない「銀行」といえるかどうかあやしいところから大事なお金を借りたとして、もしその「銀行」が破綻したら、債権だけがより大きな銀行に吸収され、金利も約束通りのものではなくなってしまうに違いない。だいいち高金利では、「第二の家」を手に入れる意味がない。不動産営業員は、いろいろ「メール」で「提案」をして来たが、すべては「売らんかな」であるとしか思えなかった。その営業員は二〇代で、バブル経済崩壊（平成三／一九九一年）も、リーマンショック（平成二〇／二〇〇八年）も社会人として経験しておらず、右肩上がりに物件が売れる状況しか知らないのだろう。せめてひとこと「大変なご病気なんですね、お加減はいかがですか」ということばが出ていたら、その芦屋の「田の字」のなかにある築二〇年程度の集合住宅を、私は無理をしてでも買ったかも知れない。しかし、「売らんかな」営業で聞いたこともない「銀行」などを矢つぎ早に紹介されては、心は冷める一方だった。結果的に、一時退散（完全に諦めたわけではない）することとなったのだ。このときの住宅購入のバタバタが、本書を書く際、有効に作用していることはいうまでもない。

ついでながら、「生活習慣病」ということばについて説明しておこう。敗戦前後の日本では、「死亡原因の第1位は結核」であったが、昭和二五（一九五〇）年には「死亡原因の第1位が脳卒中に変わり、脳卒中、がんなどの成人期に発症する慢性疾患が国民の大きな健康問題になってきた」。それゆえ厚生省は昭和三一（一九五六）年に成人病予防対策協議連絡会を発足させ、昭和三二

（一九五七）年に「〈主として、脳卒中、がんなどの悪性腫瘍、心臓病などの40歳前後から急に死亡率が高くなり、しかも全死因の中でも高位を占め、40〜60歳くらいの働き盛りに多い疾患〉という概念で成人病という用語が提唱された」のがはじまりだ（塚原、1997年、69頁）。これに対して、日野原重明氏は「昭和三三（一九七《マ》八《マ》）［一九五八］年」当時から「成人病という曖昧な言葉を使うことは不適切と考え、これは成人の誤った生活行動の結果によるもので、成人病（Adult Disease）ではなく、間違った生活習慣によりもたらされた疾患、すなわち生活習慣病（外国でいわれている“Lifestyl-Related disease”）と呼ぶべき」であり、「厚生省の命名した成人病という表現を早く生活習慣病と改名することを訴えつづけてきた」（日野原、2013年、25頁）。また川久保清氏も「生活習慣病といわれる成人病」（1990年）を発表。予防医学の観点から名称変更の意見具申がなされていく。事実「1960年代以降、成人病対策は脳卒中、がん、心臓病のいわゆる三大成人病を中心に行われてきた」が、「成人病の発症・進行に密接に関係する食事、運動、休養、喫煙、飲酒などの生活習慣の改善」は不充分だったという議論（武田ほか、1998年、457頁）はその後も活発に行われた。それは「生活習慣に着目した疾病概念の導入」（塚原、1997年、69頁）という流れを強力に推し進める力があり、「平成9［一九九七］年1月20日に開催された公衆衛生審議会において、健康増進栄養部会・成人病難病対策部会合同部会が開催され、同部会に生活習慣病対策専門委員会が設置されることが決定された」（同前）。ここに、「成人病」に代わり「生活習慣病」が「医学用語」として大きな注目を浴びるのである。意義深い運動だとは思う。しかし、脳卒中、がん、心臓病のうち、特にがんと心臓病は決して働き盛りの人間が生活習慣の乱れによって引き起こすものばかりではない。それと同じように、「生活習慣」ということばによって、先の三大成人病を上回るいきおいで、（2型）糖尿病、高血圧、脂肪肝などといったものが大きく取り上げられすぎてきた嫌いはないか。私のような1型糖尿病は生活習慣病ではないが、2型糖尿病だって遺伝や体質によって罹患することも多く、生活習慣にばかり問題があるわけではない。高血圧や脂肪肝も同じだ。

予防医学用語としての「生活習慣病」には、たしかに一定の意味があったと思うが、そろそろその歴史的名称を放棄するときが来ていると思う。何度もいうが、生活習慣とは関係なく、2型糖尿病に罹る人間もいれば、高血圧になる人間もいるのだから。そして、逆にこれらの病気に対する差別＝暴飲暴食してるのではないか、ヘビースモーカーではないのかといった「偏見」を生んでいるのも事実である。そして、その生活習慣病とは別の病いである1型糖尿病も、その「偏見」のあおりにより「生活習慣」を疑われ、団信（団体信用生命保険）に落ちてしまうこともあるのだから。

第2章　広い意味での「事故物件」

前章で述べたように、「心理的瑕疵」のある物件に住みたいひとは少ないだろう。もちろん、家賃が安かったり、購入金額が安かったりするので、一定数の需要はあると思う。現実に、それらの物件の賃貸あるいは購入金額は、相場より相当安くなっている。場合によっては相場の三割以上安いこともある。そして、不動産関係者は賃借予定者、購入予定者にその旨を伝える義務がある。これを「告知義務」という。もちろん、「一定の条件をそなえていれば、告知義務の範囲ではない」と考える業者もいる。それは事件や事故の風化という意味もあるし、途中に何人か居住した経緯があったりするからだ。『事故物件サイト・大島てるの絶対に借りてはいけない物件』にも、「『事故物件の告知義務は、次に入居するひとり目のみ』という業界ルール」があり、それは「過去の裁判例によって認められているため、適用している管理業者も多い」という。いや、それだけではない。悪質な業者の場合「自殺や殺人が起きた物件を管理業者の社員が短期間だけ契約するという方法」（以上、主婦の友インフォス情報社編、2015年、20頁）をとって、告知義務を逃れる手法すらあるという。

ただし、賃借料に関していうと、賃料はおおむね毎年一%程度安くなっていくものであり、仮にその集合住宅（アパートやマンションなど）が築古《ちくふる》で、事件・事故から一〇年も経っていれば、放っておいても賃料は当初の金額より一〇%以上安くなるものだから、もう「時効」だと考えるのかも知れない。現実に「良質な業者」たちは「『事件・事故から10年間は、必ず契約前に報告する』『同フロアで起きた事件・事故でも伝えるようにする』といった社内ルールを設けている業者は多い」（同書、22頁）。逆にいえば、一〇年したらもう告知義務はないという認識は、不動産取引では了解事項になっているのだ。だから、『残穢』のような事態が出来《しゅったい》するのだが……。

あらためて問うが、事件・事故のなかでもっともよくあるのが「孤独死」と「自殺」だ。「内閣府の『自殺対策白書』（平成23［二〇一一］年版）によると、年間3万人の自殺者のうち、約半数が自宅で自殺している。つまり、単純計算すると、毎年1万5000件以上の事故物件が増えていることになる」（同書、15-16頁）。また孤独死も「一般的に自然死の際は告知不要だが、死後の発見が遅れて腐敗が進んでいた場合は瑕疵と認められ、告知義務が発生することがある。ただし、『死後〇日後に発見』や『腐敗の度合い』などに明確な線引きは設けられていない」（同書、19頁）状況なのだ。平成二五（二〇一三）年の段階で、五戸に一戸が空き家とされている賃貸マンション・アパートの経営状態（総務省統計局「平成二五［二〇一三］年住宅・土地統計調査」を元に大島てる氏によれば、賃貸物件一八四四・九万戸のうち空き家は四二九・二万戸。主婦の友インフォス情報社編、2015年、17頁）を考えると、あまり業者のモラルに期待するのは酷《こく》かも知れない。

きわめて特殊な、極端な例を挙げよう。平成二〇（二〇〇八）年に東京で起きた「K区マンション神隠し殺人事件」では、舞台となったマンションは新築の賃貸マンションだったが、まだ入居者は三分の一程度だったらしいが、入居者がまったく来なくなってしまったため、マンション名そのものが変更された（同書、47頁）。事故物件といえるものは、犯人の部屋と殺害された女性の部屋のふたつであると断定できるが、あまりにも凄惨な事件であり、また大々的なマスコミ報道をされたことにより（異常なことだが、犯人はマスコミの取材に笑みを浮かべながら答えている）、告知義務＝同フロアの部屋などと悠長なことはいっていられなかったのだろう。

また、冤罪の可能性が指摘されもしている「W市毒カレー事件」（平成一〇／一九九八年）についても触れておこう。これは地域の夏祭りの最中に、町内会でつくられたカレーに猛毒のヒ素が混入され、多くの犠牲者が出た事件だが、犯人とされる人物の逮捕のあと、その人物の家は放火とも思える火事に見舞われて全焼。その後、その住宅跡地は公園となっているという。夏祭りは昔のように行われることもなくなったようだ。事件のあったW市S地区は、いわゆる都市郊外の「新興住宅地」（後述）であり、地元住民はもともといた農家の人びとと新住民が雑居するかたちになっており、その「夏祭り」も新住民たちの祭りであった。小野不由美氏の『残穢』にも「この土地に関する記憶には、二つの大きな亀裂《きれつ》が横たわっている。一つは高度成長期における急激な開発だ。岡谷マンション［小説の舞台］付近はその頃に開発された。ここで古くから土地に根付いて生活している人々と新たに編入してきた人々がシャッフルされることになった。旧住民と新住民の間には強い繋がりがなく、ある種の断絶がある」。しかもこの断絶はさらに「バブル期における土地の買い漁り」によって「旧住民、新住民を問わず、住民の多くが一掃され、どっと新しい住民が流れ込んできた」（以上、小野不由美、２０１５年、87頁）とあるように、本来は「村」社会だった郊外の地域が、昭和中期（一九六〇～七〇年代）の高度経済成長期で新住民が主に戸建て住宅を建設して流入し、昭和末期～平成初期（一九八〇年代後半）のバブル経済期でさらに複雑な状況――いわば新・新住民というべき集合住宅の住民が増殖したようだ。[6]「W市毒カレー事件」に話を戻すと、W市は地方中核都市ではあるが、バブル期に土地が買い漁られるような大都市ではなかったことから、新・新住民の流入（集合住宅開発）などはされていなかったため、S地区は新住民のコミュニティが独自の文化をつくりつつあった＝旧住民の「村および村祭り」とは別のコミュニティの発展があったことが予想される。

しかし、犯人と目される人物の家が放火され（放火犯は未逮捕）、その跡地が公園になったということは、この地区の衰退を意味している。あなたに問いたい。あなたなら、こんな凄惨な事件があった場所に土地を買い求め、家を建てようと思うだろうか。おそらく、多くのひとはそう思わないだろう。S地区新住民の人びとの無念は、事件の被害者に対するものだけではない。せっかく新住民たちによるコミュニティ建設が行われていたにもかかわらず、地域全体が事故物件化し、「資産価値」（後述）が大幅に後退してしまったことも、さぞ無念だろうと思われる。

ついでに述べよう。この「放火」だが、放火犯とはどのような場所、家を放火するのだろうか。漫才師でゴミ清掃員の滝沢秀一氏（マシンガンズ）は、そのコミックエッセイで次のように述べている。

> 空《あ》き巣《す》や痴漢《ちかん》などの犯罪《はんざい》に共通《きょうつう》して言《い》えることは［、］彼《かれ》らは絶対《ぜったい》に捕《つか》まりたくないということである［。］身柄《みがら》の安全《あんぜん》を第一《だいいち》に優先《ゆうせん》させるのだ［。］自分《じぶん》の欲望《よくぼう》を満《み》たしたいと考《かんが》える痴漢《ちかん》を例《れい》にして考《かんが》えてみたいと思《おも》う［。］捕《つか》まらない事を第一《だいいち》に優先《ゆうせん》させると［、］可愛《かわい》い子《こ》がいるから痴漢《ちかん》をするということではない［。］人目《ひとめ》につかない地域《ちいき》だから痴漢《ちかん》をするのである［。］人《ひと》で選《えら》ぶのではなく地域《ちいき》で選《えら》ぶのだ［。］（傍点は原文ママ）
>
> （滝沢、２０１９年、94頁）

そして、犯罪者が好む地域とは「ゴミ出《だ》しの日《ひ》が守《まも》られていない［、］壁《かべ》に落書《らくが》きがある［、］放置自転車《ほうちじてんしゃ》が沢山《たくさん》ある」という「３つのポイント」を挙げている。ゴミ捨て場が汚い場合（ゴミ捨ての日を守らないため、ゴミ捨て場が常に汚い町内など）は、「ちょっと要注意《ようちゅうい》［、］『誰《だれ》も他人《たにん》を気《き》にしてません』っていう目印《めじるし》になる可能《かのう》性《せい》も」あるという（以上、同書、95頁）。空き巣に入られやすい地域では、犯人が家に忍び込んだとき、運悪く居住者と鉢合わせになり、逃げるために暴力を働くということもある。「空き巣（窃盗犯）」が「強盗」あるいは「傷害犯」最悪の場合「殺人犯」になる瞬間とは、このような状況から類推できるのだ。これは「放火」にもいえる。放火犯は「捕まりたくない」ため、「放火しやすい家」を狙うのだ。S地区の場合、凄惨な事件があり、新規転入者も少なくなり、元からいた新住民も転居が増え、いわゆる「狙われやすい地域」となったのではないか。そして、明らかに空き家である犯人と目される人物（冤罪の可能性は大きい）の家が放火犯の犯行対象に選ばれてしまったわけだ。先の大島てる氏の著書によれば、「現代の日本でも出火原因の第1位は放火」だといい、「2012年の出火件数は4万4189件で、そのうち放火は最も多い5370件。これに『放火の疑い』を加えると8590件」（主婦の友インフォス情報社、2015年、34頁）だという。実に火事の五件に一件が放火なのである。そして犯人は、「憂さ晴らし」が多いという。

放火魔の狙いは〔恨みなどと〕無関係の住宅であっても、決して〝無差別〟ではない。火を付けるためには〝燃え種〟が必要であり、これは住宅への放火においても同様だ。つまり、放火されやすい物件には必ず不用心な燃え種が存在しているのだ。

共同住宅への放火場所で圧倒的に目立つのは、何と言っても「共用スペース」である。とくに住居者でなくても簡単に侵入可能なエントランスや廊下は要注意。ドアの前に古新聞や古雑誌などが置かれていたら格好のターゲットであり、郵便受けに溜まった新聞やチラシへの放火も報告例が多い。

（主婦の友インフォス情報社、2015年、34-35頁）

郵便受けを片づけない、新聞や雑誌などの紙ゴミ類を、資源ゴミとして出す日に、資源ゴミ置き場に出さないで廊下に放置するなどの意識の低さを、放火犯は狙っているのだ。一度火が出れば、そこはもう「事故物件」である。しかも、地域ごと意識が低い場合、その町そのものが放火魔に狙われ、空き巣に狙われ、痴漢に狙われているということになる。地域ごと「事故物件」化している――それは住民の意識の低下によるところが大きい。それは特に大きな「事件」があったりしなくとも成立する。繰り返していうが、その重要な目印になるのが「ゴミ捨て場の汚さ」だ。滝沢秀一氏はこうもいっている「集積所《しゅうせきじょ》が汚《きたな》いということは［、］管《かん》理《り》が行《ゆ》き届《とど》いていない地域《ちいき》ということ［。］互《たが》いが互《たが》いにあまり興味《きょうみ》がない象徴《しょうちょう》［。］やりたい放題《ほうだい》する者《もの》が現《あらわ》れる［。］それで居心地《いごこち》が悪《わる》いと感《かん》じない人達《ひとたち》の集《あつ》まり［。］ゴミ清掃員《せいそういん》として常々感《つねづねかん》じているのは行儀《ぎょうぎ》・人柄《ひとがら》は末端《まったん》に表《あらわ》れる［。］ゴミだけでなくひとつのルールを守《まも》らない人《ひと》は他《ほか》のルールも守《まも》らないことが多《おお》い」（滝沢、２０１９年、35頁）。規則を守らないことに居心地悪さを憶えない人間が集まる町、それは犯罪の温床にもなり得るのである。(7) ちなみに、あまりにひどい騒音を出す人物が住んでいる集合住宅や、怪しい人びとが夜な夜な集まる住民がいる集合住宅に関しては、不動産業者はそのような住民がいることを顧客に「告知」する方向に進んでいる。ルールを守れないひとの存在は、すでに「事故」なのである。マンガ家のカラスヤサトシ氏は上京する際に格安物件に入居するが、「上の［階の］人は昔からムチャクチャだったんだよ……ゴミ窓から捨てるのも今にはじまったことじゃなくて……」（カラスヤ、２００８年、85頁）という状況だった。そんな集合住宅だったからか、「以前私の部屋に住んでいたのは若い女の子でストーカーに追われ引っ越したのだという」（同書、35頁）。モラルの低い住民が、犯罪を誘発しているかにも見えるではないか。

さて、「広い意味の事故物件」の話に戻ろう。わかりやすい「事故物件」、すなわち事件・事故があった場所だけではなく、住民の意識が低い町はすでに「事故物件」化しやすい町なのである。それだけではない。地域住民が決して意識を低くしているわけではなく、いやむしろ「高い意識」を維持している町でも、時として事故物件化する場合がある。具体的な例を挙げよう。「A市産業廃棄物不法投棄および土石流災害」や「A元一級建築士による耐震強度偽装事件」、「C市シンクホール事件」などがそれだ。まず前者から説明しよう。

令和三（二〇二一）年七月、A市で土石流が発生した。多くの被害者を出したこの「事件」。のちに、この土石流の起きた地域には産業廃棄物が投棄されていたことがわかった。考えてみて欲しい、「規則を守らないことに居心地悪さを感じない」集合住宅があったとしたら、その集合住宅には、そういう意識の低い住民しか集まらない。当然、賃料は格安となるが、それを上回る危険性のなかに身を置くことになる。もちろん、集合住宅経営者だってそういうひとたちを好きで集めているのではないだろう。しかし、築四〇年以上経った、雨漏りなどの履歴がある集合住宅に、人を集めようとしたらどうしても賃料を下げざるを得ず、結果的に意識の低いひとが集まってしまうという悪循環もあるかも知れない。同じように、地価が下がった地方では、土地所有者も仕方なく「安く」土地を貸すあるいは売る場合もあろう。例えば、遺産相続でそのような土地を所有してしまったひとは、なじみのないうえに利用価値のない土地を手にしてしまい、しかも固定資産税まで支払わなければならない。「相続放棄をすればいい」という論者もいるが、それだって簡単ではなく、ただでは出来ない（6章参照）。そんなとき、格安でも土地を購入してくれるひとあるいは会社が現れたら、その使用目的まで問わずに売ってしまうのではないだろうか。この当時のA市の不幸は、このような日本の土地所有をめぐる歪みが生んだ結果なのだ。

次の事件、「A元一級建築士による耐震強度偽装事件」についても述べよう。平成一七（二〇〇五）年に千葉県在住のA一級建築士（当時）が設計したマンションは耐震強度に問題があり、震度五強でも倒壊する可能性があることが発覚した。昭和五六（一九八一）年六月に施行された新耐震基準（後述）では、震度六強から七でも倒壊しない建物であることが義務づけられており（後述するように、昭和四六／一九七一年六月施行の旧耐震基準では、震度四～五でヒビがはいっても倒壊しないという規則で、震度六以上のことは計算に入っていなかった）、阪神・淡路大震災（平成七／一九九五年）以降の耐震強度に関する意識が高まった今世紀、A氏の犯行はとうてい容認できるものではなかった。そこで、彼が施工した分譲集合住宅、彼がかかわった開発会社（いわゆるデベロッパー）の集合住宅は、「A氏が設計して建てたビル」という評判となり、信頼が下がり、その資産価値を大きくそこなうこととなった。現実に、その後も東日本大震災（平成二三／二〇一一年）、熊本地震（平成二八／二〇一六年）など、震度六強から震度七の地震は続けて起きており、迫り来る南海トラフ地震や首都直下型地震などの不安から、建物の耐震強度は当然万全であることを期待しているだろう。そんななか、一級建築士という責任ある立場の人間が、耐震強度を偽装したのだ。彼が携わったすべての建物が偽装だったわけではないが、A氏の関与した建物、そして彼といっしょに集合住宅開発をしていた会社のつくる建物の信頼には、文字通りヒビがはいった。当初は耐震強度を高める工事を行って、その分譲集合住宅を維持しようとしていた住民たちもいた。しかし、「大部分は壊して建て直した」という（碓井、2012年、197頁）。

この「耐震強度を高める工事」とは何か。新耐震基準以前に建てられたものを、現在の規格にあわせて補強する工事を指す。しかし、これはがんらい無理な話なのである。

正確に言えば、強度を高める方法はある。実際には多くのオフィスビルで採用されている。柱と柱の間に、「X」状に鉄骨を組み込むことで強度を高めるのだ。スーパーマーケットなどでは、この方法を採用している例は多いだろう。費用はけっして安くないが、新たに建て直すより安く済むのは間違いない。

しかし、マンションではこの方法が使えない。バルコニー側の両脇にある柱と柱の間に鉄骨で「X」を作ってしまうと、バルコニーに出られなくなってしまう。玄関から外に出ることもできなくなってしまう。

（同書、197頁）

「A元一級建築士による耐震強度偽装事件」では、新築分譲集合住宅（いわゆる「新築分譲マンション」）の区分所有権を購入した住民たちが、結局は補強工事が不可能であることを知り、「一人当たり平均2000万円を負担」して建て替えたという（同書、199頁）。もちろん、その住民も不幸（新築分譲集合住宅区分所有権購入費＋二〇〇〇万円の建て替え費用、おそらく一住戸あたり合計六〇〇〇万以上の出費が強いられた）も、もっと注目されていい。しかし、そのとき「壊されたビル」が「産業廃棄物」――A市の事件で問題となった大量のゴミもこれである――として捨てられたことも忘れてはいけない。産業廃棄物の処理は、事実上、このようなビルの残骸が大半なのだ。

このような問題は「A元一級建築士による耐震強度偽装事件」だけではない。昭和五六（一九八一）年六月以降に「建築確認」（この建築物を建ててよいかと自治体などに許可を得ること）をとった「新耐震基準」の建物と、それ以前に「建築確認」をとった集合住宅（いわゆる「旧耐震基準」のマンション）には、耐震強度に大きな違いがあるのだ。このような「かつてこの建物が建てられたときには法令・条例では合法だったが、現在の基準では合法ではない」建物を「既存不適格物件」という。いよいよ、この耐震強度の問題へと話を進めていきたいと思うが、その前にもうひとつ「事件」を紹介したい。それは関東で起きた「C市シンクホール事件」だ。

これは令和二（二〇二〇）年に発生したもので、国土交通省やNEXCO東日本などが行う地下高速道路「東京外郭環状道路」の大規模な掘削、建設工事が原因で、住宅街の地下に大きな穴があいたというものだ。地下高速道路は慢性的な交通機能不足に悩む東京としてはやむにやまれぬ選択ではあったのだが、その工事が直接的な原因となって、住宅の地下に大きな穴（シンクホール）が空いてしまった。これは「事故」以外のなにものでもない。当然、C市の資産価値は維持が難しくなるだろう。わざわざこのような「危険」がある場所に、高いお金を払って自宅をかまえて住む必要はない、というのが一般的な消費者の感覚だからだ。(8)

以上のように、「事故物件」というものは、単にそこで「事件が起きた」とか「自殺者がいた」とかいうものにとどまらず、町全体のイメージが損なわれたり、特定のデベロッパーがつくった建物の信頼が極端に下がるなど、より広範囲で起きることがある。特に、土石流の発生や、「耐震強度偽装」の問題、地下工事のために起きる「シンクホール問題」などは、住民の意識を高めるという方法では対処しきれない。あるとき突然、降ってわく不幸である。地下工事に関しては、反対運動を起こすなどの行動によって抑止できるかも知れないが、それをするのにも人的、時間的労力ははかり知れない。しかし、その土地が、もともとはどんな場所なのか、もっとよく調べていれば避けられる「事件・事故」かも知れない。

みなさんは、夕飯に食べる肉や野菜を買うとき、どれを買うのか入念に見比べるのではないだろうか。にもかかわらず、なぜ分譲集合住宅の区分所有権購入や土地の購入、土地の売却には、不動産営業員の話に乗ってしまうのか。それは、日本の「家」の問題もあれば、日本社会の「意識」の問題もある。私はみなさんには、自宅を購入する際に失敗して欲しくないので、以下に日本の分譲集合住宅の区分所有権購入にかかわる問題を挙げていきたいと考える。まず、取りあげるのは「耐震強度」の問題である。これについては、特に章をあらためて展開することとしよう。

第3章　耐震強度の諸問題

どんなに「事件・事故」を調べてそのような物件を避けたり、自治体や国土交通省が公表しているいわゆる「ハザードマップ」を確認して、災害の危機から身を守ろうとしたり、物件のある地域の「品格」（ゴミ出しのルールをちゃんと守っているかなど）を入念におさえたとしても、さらには市町村役場に行って都市計画などをきちんと把握して、地下鉄や地下道路工事などのある地域を避けようとしても、それ以前に物件が「不適格」なら、その物件は絶対に避けるべきだ。

たしかに、古い物件には「味」がある。水凪トリ氏のマンガ『しあわせは食べて寝て待て』（①〜④巻、以後続刊）は、エレベーターもない築四五年以上の五階建ての郊外（埼玉）の「団地」――すなわち昭和五〇年頃（一九七〇年代半ば）の分譲集合住宅に賃借人として移り住む元キャリアウーマンの話だ。主人公の麦巻さとこさんは、難病（膠原病）に苦しみ、仕事が週に四日程度しかできない。収入が不安定なうえ、医療費がかさむため、家賃の高い都心部の集合住宅を引き払い、この「団地」に引っ越してきたのだ。家賃が安いというのが最初の理由だったが、隣に住む大家さんや、そこに居候する司《つかさ》くんといっしょに、身体にいいものをつくって食べるという生活に身を委ねながら、徐々に自分を取り戻していくという話の流れだ。だから、ここでも「2階でよかったわ――　これ以上は老人にはキツいもの」（水凪、2021年〜①、27頁）と大家さんが話していたり、町内会は任意団体なのに無理に参加を強要される場面（水凪、2021年～②、55-56頁）や、歳をとると二階以上には住めない（麦巻さんとその大家さんは二階暮らし）など、現実に団地暮らしをする人びとの悩みや、そこにわざわざ引っ越してくる若い人びとの思惑などが描かれている。

何度も引用して恐縮だが、私が共著者となっている『京都の町家を再生する』（齋藤由紀編著、2015年）にも書いたとおり、京都の古い地区に集合住宅が建てられても、そこに住む人びとは集合住宅内の管理組合までしか交際範囲はなく、町内会への参加は限定的だ。ましてや、昭和中期（一九六〇～七〇年代）に建てられた集合住宅（団地やマンション）なら、すでに述べたように郊外にまとまった戸数が計画的に建てられており、元からその地域にいた旧住民との生活面での折りあいはなかなかつきにくい。新住民にとっては昔からの村の神社や寺での祭りよりも、新しい集合住宅内の関係性の方がより重視され、新たな企画（夏祭りやクリスマスの集いなど）がより重要となるだろう。旧住民も、集合住宅というかたちで大量に入り込んできた新住民にそれほどの親近感はなく、結果的にその間には溝ができてしまうものだ。そして、その新住民だったはずの「団地」がすでに「老化」しており、エレベーターがないので二階はまだ楽だとかいう述懐が生々しく吐露されるのだ。

後述するが、高度経済成長期には集合住宅は実験的につくられたものであり、いわゆる「人生すごろく」のアガリは一軒家だと考えられてきたため、歳をとったら住民はその権利を売却して土地付き一戸建てに引っ越すと考えられていた。集合住宅など若いうちの腰掛けであり、だからこそ五階ぐらいまでなら平気で歩けるはずであり、エレベーターなどいらないと、最初から決めつけられていたのだ。そこにはバリアフリーという考え方はなく、もっとも身近な被「バリア」層（老人）が住む事態など想定外だったのだろう。のちに述べるように、関東大震災のあとに本格的な鉄筋コンクリート造の集合住宅「同潤会アパートメント」がつくられたが、当然のようにここにもエレベーターなどはほとんどつくられなかった。

多くの「団地」と呼ばれる集合住宅は、自治体などが主導権を握って計画的につくられる。多摩ニュータウン（昭和四〇／一九六五年に計画決定）がその典型だ。そこでは、障がいのある方どころか老人のことなど、誰も考えていなかったのだ。(9)「そんなバカな」と思うかも知れないが、現実に現在つぎつぎと建てられているいわゆる「タワマン」――「タワーマンション」の正確な定義はされてはいないが、おおむね三五階建て以上の集合住宅がこう呼ばれることが多い――だって、老朽化したときのこと、制震構造あるいは免震構造になっているために導入・挿入されているゴムの耐用年数が切れたときの補修方法、さらにはいずれは訪れる「解体」について、設計者も開発業者も販売業者も、いや当の区分所有権購入者も、誰も考えていないではないか。そうなのだ、だいたいの場合、「最新」の施設は、先々のことをあまり考えずにつくられるという傾向が、この日本社会なかんずく日本の住宅事情にはざらにあるのだ。

事故に遭って怪我をしたらどうするか。子どもが生まれてベビーカーを押すことになったらどうするか。この状況では、とてもじゃないがエレベーターのない集合住宅には住めない。これは、いまだからこそ誰もが考えることだろう。しかし、区分所有が前提となっている分譲集合住宅が量産されはじめる昭和中期の頃には、事故に遭って松葉杖をつくようになったら、それを機会に郊外に家を建てればいい、子どもができたらそれをいい機会に一戸建てに引っ越せばいい、とあまり具体的とも思えない未来予想図（？）が、むしろ野放図に考えられていたわけだ。具体的な人生設計（自分が何歳で結婚し、何歳で子どもができるか。そして、子どもが社会に出るころ＝自分が五〇代に、夫婦ふたりの生活へと移行し、定年後の生活を見越して病院の近い都市部に住まう）などといったものを想像し、実行するひとが増えたのは、おそらく「団塊の世代」（昭和二二～二三年／一九四七～四八年生まれ）といわれる人びとが大量に「還暦」を迎えるようになった平成一九（二〇〇七）年前後の頃からなのではないか。

集合住宅にはこのように問題が山積みであるにもかかわらず、それでも量産され続けた。それはなぜかというと、「便利」だったからだ。これは次章以降に詳しく述べるつもりだが、ニュータウン建設は行政が大きくかかわっていた。だから、インフラ整備（上下水道、電気ガスなどの配管設備）が集約的に行われたのだ。当然、かかる費用は行政の負担であり、入居者数も前もって想定されるため、それにあわせて小学校、中学校の拡充などが行われた。それだけではない。都心部へ仕事に向かう「お父さん（昭和中期には、仕事は父が行い、母は専業主婦というのが「常識」であった）」のために、鉄道路線（当時国鉄といわれていたＪＲ、私鉄、第三セクターによるモノレール建設など）まで整備され、駅前にはショッピングセンターが併設されることで、生活の利便性は非常に高かったのだ。仮に新住民と旧住民の間に格差があっても、このインフラ整備と小中学校の拡充あるいは新設は、双方にとってありがたいもので、ここでは一定の妥協ができた部分だろう。

昭和戦前期に行われた住宅開発は、やはり鉄道とかかわっていた。ここでは行政ではなく鉄道会社が行楽地をつくり、大学などを誘致し、そこに向かう鉄道を引き、ついでにその途中に住宅地を開発するというものだった。まだ、建築基準法（昭和二五／一九五〇年）がなかった時代、住宅とインフラ整備とはそこまで密接ではなく、鉄道駅がそこにあれば問題はなかったのである。この昭和戦前期の住宅開発は阪急電車による宝塚、甲東園、苦楽園などの開発、京阪電車による香里園、阪神電車による香櫨園などがその代表となる。関東では、東急電車による田園調布がそれだ。

それに対して、昭和中期すなわち高度経済成長期に多くのニュータウンが構想された。そして多摩ニュータウンなどは、それまでインフラ整備以前の、いわば「何もなかった」場所に大きな施設（東京都立大学など）を誘致し、京王電車を走らせ、駅前にショッピングセンターをつくるなど、大がかりな都市計画の範疇に入るものであった。関西では万博（昭和四五／一九七〇年）跡地である千里がその代表例だ。千里にも遊園地や国立民族学博物館などが誘致され、阪急電車が走る。ともに、東京都心部や大阪都心部に通うサラリーマンにとって、がんばれば手が届く金額でマイホームが手に入ったのである。しかも、電車通勤でだいたい一時間程度で職場に着くという好立地である。この時期には銀行による融資（住宅ローン）が日本でもより広く導入され、千里や多摩には集合住宅（団地）が乱立するのだ。ほかにも、神戸女子大のある須磨も、神戸大学、神戸市外国語大学を誘致し、山陽電鉄のほかに神戸市営地下鉄西神・山手線を引き、大丸百貨店が誘致され、集合住宅がつくられていった。須磨にある築五〇年ほどの「団地」は、すべてエレベーターがなく、高台にあり、現在では3DK（このnLDKという日本不動産特有の形式については、本書の7章参照）でも数百万円で手に入るほど、資産性は下落している。先に引用した、水凪トリ氏のマンガに登場する麦巻さんが借りた部屋は、大家さんが「お隣からは300万円で買ったから」といい、「娘には負動産《ふどうさん》なんていわれている」（傍点は引用者。水凪、2021年～④、150頁）という。

先ほど、建築基準法ということばが出た。これについては説明がいるだろう。日本で最初に建築にかかわる法律ができたのは、大正八（一九一九）年四月のことである。「市街地建築物法」というこの法律は、その名の通り「都市部」でのみ適用される法で、決してすべての建築にあてはまるものではない。また、地震などの災害については考えられておらず、基本的には近代国家としての体面上、「衛生」面が強調されているのみであった[10]。これに「耐震」という考え方が盛り込まれるのが、大正一三（一九二四）年の「市街地建築物法施行令中改正ノ件」である。ここでは材料の安全率を三倍とする＝地震に耐えられるように柱や梁の量や太さを規定するものであった。また水平震度〇・一以上とされ、これは我々がつねに受けている重力加速度の十分の一、すなわち地震の際に発生する水平重力加速度が建物が重力から受けている力の一〇％に耐えられるものという意味らしい。誤解をおそれず簡略化していうと、建物の重さに対して一〇％程度の横揺れの力に対応できるというものに過ぎない。この法改正には、前年度の関東大震災（大正一二／一九二三年）が寄与している。しかし、後述するように「同潤会アパートメント」のような例を除くと、一般住宅などでは基礎工事をしないという意味ではまだなんら進歩がないといわざるを得ず、水平震度〇・一はあまりにも脆弱だといえよう。

日本で「耐震基準」といえるものがつくられたのはいつなのか。実は、建築に関する法律が大幅に改正された昭和二五（一九五〇）年の「建築基準法」を待たなければならない。このとき、はじめて建築物に「基礎」が用いられることが義務づけられた[11]。ただし、耐震強度は水平震度〇・二という非常に軽いもので、横揺れの力が二〇％に耐えられれば問題なしというものでしかない。この「耐震基準」に昭和一九（一九四四）年一二月に起きた昭和東南海地震（伊豆）、翌昭和二〇（一九四五）年一月に起きた三河地震（愛知県と三重県）、昭和二一（一九四六）年一二月に起きた昭和南海地震（和歌山県、南海トラフ地震）の影響があったのは間違いない。しかし、愛知、三重の地震に関しては戦時中であることから報道が規制され、また南海トラフ地震も敗戦直後であったことから、それほど社会全体に大きな衝撃を与えることがなかったことは留意する必要がある。第一、敗戦直後の東久邇宮内閣と幣原内閣の喫緊の課題は「応急越冬住宅」（空襲で都市部の九割が焼失し、昭和二〇／一九四五年の冬を「バラック（コラム3）」でどうやって越させるか）であったこと、そして導き出された結果として、集合住宅が想定され、昭和二六（一九五一）年に「51C型」（東大の吉武泰水《やすみ》助教授、郭茂林助手、鈴木成文講師による住宅モデル。以上のことは7章で詳述）が採用されたのも、この「建築基準法」なしでは考えられなかったのである。考えてみて欲しい。多くのひとを寒空から救うのは「大規模な集合住宅」しか考えられない以上、いちおう耐震基準が引き上げられた大規模住宅の量産を採用するしかないではないか。その意味では、敗戦直後という時代背景で、新しい法律と住宅モデルが採用されたのは意義深いのである。

しかし、この耐震基準が「甘い」のは火を見るより明らかだ。そして、まだ平均的な所得のある人びとが利用できる住宅ローンなど存在しない、あるいは個人が事業ローンを組んで木造集合住宅などをつくるということは、とうてい一般的とはいえなかった敗戦直後である。仮に「バラック」を撤去してそれなりの住戸数を確保できるほどの大規模集合住宅をつくれるとしたら、国や地方自治体ぐらいなものだ。しかも、その国や自治体も敗戦で疲弊しきっており、大規模集合住宅をつくるにはまだ時間がかかる状況ではあった。

それでも、昭和二二（一九四七）年に「災害救助法」が成立し、戦災、そして昭和一九（一九四四）年の昭和東南海地震と昭和二〇（一九四五）年の三河地震などの被災者の救済を法的に行える状況にはなった。要するに、いまのUR賃貸の基礎となる住宅公団を立ちあげ、賃貸集合住宅を開発するという道筋ができたのだ。このあたりの事情は入りくんでいるので、7章であらためて詳述するが、新たにつくられた集合住宅は「安全」であり、「清潔」であった。当然、応募倍率は高く、「当たり」を引いて公団住宅に住むのは「憧れ」となった。[12]この建築基準法による耐震基準を「旧・旧耐震基準」と呼ぶ——ということは、大正一三（一九二四）年の耐震基準は「旧・旧・旧耐震基準」といえるだろうか。

しかし、昭和四三（一九六八）年に十勝沖地震が起き、甚大な被害が出るや、建築基準法の見直しが迫られた。そこで導き出されたのが、横揺れなどでひびが入るなどもってのほかといいつつも、震度四～五でも倒壊しない建物（ひび割れなどはあっていい）という「耐震基準」であり、第2章で述べたとおり昭和四六（一九七一）年に施行された。この年の六月以降に建築確認（くり返しになるが、家などを建てるときには、きちんと行政へ「建築確認」を取り、これを建ててよいという許可をもらわなければならない。これを「建築確認」という）を取ったものを「旧耐震基準」の建物といわれる。しかし、阪神・淡路大震災（平成七／一九九五年）や東日本大震災（平成二三／二〇一一年）を経験した現在なら、震度五でひび割れていい集合住宅など、危なくて住めないではないか。ましてや、三〇年以上もローン(13)を組んで入居した家が、たった震度六で倒れていたのでは話にならない。やがて昭和五三（一九七八）年に宮城県沖地震や伊豆諸島での群発地震などがあり、この耐震基準はあらためられる。それが昭和五六（一九八一）年六月施行の「新耐震基準」である。この法律以降、「震度五ではひびもはいらない、震度六強でも倒壊しない」という基準が明確化された。逆にいえば、震度七なら倒れても仕方ないというい方もできるが、なんにせよマシな法律になったということだ。

いま、「マシな法律」というトゲのあるいい方をした。理由がある。ここで竹島靖氏に語ってもらおう。

まず、建築基準法からチェックしてみましょう。第1条です。

「この法律は、建築物の敷地、構造、設備及び用途に関する最低の基準を定め」。ほら「最低」と謳ってありますよね。

「ドイツの建築基準法は、その時点の最高の技術的水準で建築しなければならないという精神で徹頭徹尾貫かれている。フランスにおいても同様な考え方で住宅建設法が制定」

（竹島、2013年、35-36頁）

日本国憲法でいう「健康で文化的な最低限度の生活」とは訳が違う。日本や韓国など一部の国でしか存在しない、いわゆるゼネコンと呼ばれる大手住宅デベロッパーが保護されているようにも読みとれる文面だ。実は、平成一二（二〇〇〇）年四月に品確法（住宅の品質確保の促進等に関する法律）が施行されるのだが、これは「ハッキリ言えば、従来の建築基準法だけではあまりにレベルが低すぎ、どうしようもないため、つくられたものである」（同書、36頁）。建築業界では「新・新耐震基準」と呼ばれる品確法も、さんざんないわれようである。その後、平成一八（二〇〇六）年には原則アスベスト使用禁止（ということは、それ以前は使ってよかった）と、日本の建築基準はゆるい。韓国の建築基準もゆるい。そして日本の民法や建築基準法が改正されると、不思議なことに韓国はそれに「倣う」習慣がある。やはり両者は体質の似た国なのだろうか。ただ決定的に違うのは、日本は地震多発国であるのに対して、韓国は大陸なのでそれほど大きな地震は起きていないということだろう。

品確法は「技術の革新」を行政も施工業者もいっしょにがんばるという努力目標のような法律であり、罰則もない。しかし、ないよりはマシだという法律である。現実に、この法律が施行されてから、集合住宅では騒音問題解決のために「二重天井二重床」が奨励され、徐々に浸透している。天井高も、最低でも二五〇㎝は確保しようという動きになっているが、それが実体化したのはここ一〇年の動きに過ぎない。要するに、品確法ができても、建築業界の動きは緩かったのである。私が、築二〇年程度の集合住宅を狙って物件購入をしようと考えていたのは、この法改正による業界の進歩を信じたからだが、それでもあまり状態のよくない物件も多い。

先に、建築業界の「緩さ」について述べたが、すべての業者がひどい建築をしているのではない。積極的に新しい技術を採用して、居住者本位に集合住宅を建てる業者も多い。しかし、ひどい業者もいるにはいるのだ。例えば、次のような例がある。中古マンション購入を考えて、オンラインで情報を得ようとすると、簡単に築年数を見ることができる。そこで注意して欲しいのは、「築年：昭和四五／一九七〇年一二月」とか、「築年：昭和四六／一九七一年三月」という物件だ。これは、「旧耐震基準」が施行されるという情報が拡がった時期に「かけこみ」でつくられた集合住宅であり、新基準で建てると建築費がかさむので、経費を安く上げるためにそういう時期につくったとしかいいようがない。同じことは、「新耐震基準」導入直前に建てられた集合住宅でもいえる。さらにひどいのは、「旧耐震基準」なら「昭和四六／一九七一年六月以降に建築確認を取った建物」、「新耐震基準」なら「昭和五六／一九八一年六月以降に建築確認を取った建物」を指すのだが、「建築確認」だけ法律が施行される直前に取っておき、工事はその後にのんびり進めるという悪質な業者もいるにはいる。一戸建ても同じだが、建築確認に関してはだいたい個人の邸宅なので施主＝依頼者の希望でつくられているのだから、建売住宅でもないかぎり、悪質なものとまではいえないだろうが。

そしていま、すでに述べたように「旧耐震基準」は「既存不適格（建築された当初は合法だったが、現行法では違法）」物件に当たる。だとすれば、どんなに駅近《えきちか》物件でも、どんなに広くてきれいなリフォームが施されていても、震災には充分に立ち向かえる物件とはいいがたい部分がある。だから、そのような物件には、それなりの知識（これは「旧耐震基準」で、震度六なら倒壊するおそれがあること）を持ったうえで、納得づくで入居しなければならない[14]。すでに述べたように、住居のあり方も多様化しており、私のように法的な「耐震基準」などまったくない時代につくられた「京町家」に暮らす人間もいるかと思えば、「旧耐震基準」の建物でも岩盤のような地盤に立つハザードマップ的にも安全な物件もあるだろう。しかし、その物件が「旧耐震基準」であることのリスクをよく説明もしないで購入させる不動産業者がいたとしたら、それは注意が必要だ。この問題を考える前に、いったん阪神地区での過去の災害の事例を挙げて、「家」と災害がいかに密接な連関性を持っているかを考えてみたい。そのうえで、5章では「旧耐震基準」の家を購入することの利点と不利な点について考えていくことにしよう。

コラム2　日本の住宅ローンと金利

いわゆる「令和のマンションブーム」は、その金利の安さによってつくられたといっていい。住宅ローン金利が三五年固定で四％だった場合、五〇〇〇万円を借入すると総支払額は約一億円に上る。そして仮に、三五年固定で金利が二％だった場合は、およそ七五〇〇万円ほど。これが一・三％なら六五〇〇万円ほどに収まる。物件価格が下がっても、金利が上がれば総支払額はたいして変わらないのかも知れない。現実に、令和四（二〇二二）年春には、メガバンクと呼ばれる大手銀行で三五年の住宅ローンを組むと、一〇年固定金利で一・二～三％という安さであり、変動金利なら最低金利で〇・三％台となっている。仮に五〇〇〇万円を借りたとしても、この変動金利の利率が上昇しなければ三五年間借りても、利子を含めた総支払額は五五〇〇万円を下回る金額になる。

ただし、変動金利には落とし穴がある。黒田東彦前日銀総裁と安倍晋三元首相の方針もあり、変動金利の利率はむしろ下がりこそすれ、上がったりはしなかったという経緯がある。実は、元利均等方式（元金と借入期間の金利を合算して、均等な金額を返済する方式）の変動金利の場合は支払額の見直しは五年に一回と決められており、また金利がいかに上がっていても、毎月の支払額は一・二五倍までと規定されている。だから安心——といえるだろうか。世間には「リボ払い」というものがある。いくらローンでものを買っても、一カ月の支払額は何万円までと決められている、あの制度だ。この制度、便利で消費者の味方のように感じるかも知れないが、借入額が増えつづけると、金利を少しずつ払っているだけで元金が全然減らないという状況に陥る。変動金利で住宅ローンを組み、利率が上がっていった場合、これと同じ状況に陥る可能性がある。

要するにこういうことだ。〇・三八％という低い利率の変動金利で三五年の住宅ローンを組んだあと、利率が二％まで上がってしまったら、当初の返済計画は完全に崩れ、しかもその後の利率のさらなる上昇も考慮せざるを得ないのである。利子を含めた総支払額を五五〇〇万円程度と見積もっていた――一カ月あたり一三万円ほどだった――ものが、総支払額が七〇〇〇万円を超えてくる計算になり、返済額も一〇年後には一・五倍の二〇万円程度になる。しかし、これならば支払額が増えるだけで、なんとか三五年での完済は可能だ。三五年後まで働けていて、月額二〇万円以上のローン支払いをする能力を維持しつづけられればの話だが。そして、もしもさらに変動金利の利率が上がれば、元金がまったく減らず、利子だけを払いつづけるということすら起きうるのである。リボ払いの問題と同じことが、将来的に変動金利住宅ローン支払いで起こる可能性はかなり高いと私は見ている。

このような金利の問題――住宅ローン金利の上昇――と、日経平均株価の問題を複合的に判断して、物件を購入しなければ、その物件購入は「失敗」に終わる可能性はかなり高い。ひとことでいえば、「相場観」を自ら組み立てるという難しい問題が、住宅購入という「身近な」事象にも横たわっているのである。そしてそのことを、理解した上で物件探しをしているひとがどれだけいるだろうか。

このような状況があるからなのか、ホリエモンこと堀江貴文氏は著書『マンガ版　堀江貴文の

「新・資本論」』の第二章「貯金と借金」で、住宅ローンが借金であること、なぜ住宅ローンが存在するかというと、銀行が利子で儲かるからだということを主張する。たしかにそうだろう。しかし、こういう反論もできる。では、住宅は買うのではなく賃貸にすべきなのだろうか。いや、それもまた「間違い」なのではないのか。例えば、一棟の木造アパート、一棟の鉄筋コンクリート造のマンションなどといった集合住宅があったとしよう。それをつくった側は、お金をかけずにつくったのだろうか。場合によっては事業ローンなどで利子を支払いながら集合住宅を経営しているのではないだろうか。また、分譲型の集合住宅に賃貸で入る場合、戸建てに賃貸で入る場合も、その物件を購入した人間（貸主）は、銀行でローンを組んだり、自己資金を大きく割いて手に入れたのではないだろうか。当然だが、その購入したときの金額やローンの利子などの上に自分の利益を乗せて貸すのが常識だ。だとすれば、他人のローン支払いと、他人の利益を支払っている状態が、賃貸の生活なのではないだろうか。

しかも、本論１章でも述べた通り、事故物件（孤独死などを含む）などになったら、回収不能になってしまうため、大家はできるだけ単身の老人には部屋を貸したがらないだろう。では、誰も家を貸してくれなくなったら、老後はどのようにすればいいのだろうか。その意味では、本書５章で述べるように、単身者だからこそ住宅購入、しかも手頃な金額で手に入る駅から近い都会の中古集合住宅というのは決して間違った選択だとは思えない。ただし、問題は「管理状態」ではあるが。

このように、賃貸にも住宅購入にも、一長一短がある。あとは、自分でよく吟味したうえで、自分の結論をつくるという意識を持つことではないかと、私は考えている。本論でも述べたが、日経平均株価の上昇、下落と、不動産価格の上昇、下落は、相関関係がある。もしも経済的に不況が訪れて、物件価格が下がっても、購入者の経済力が落ちていたら仕方ない。まして、住宅ローン金利が上昇していたら、三五年なり二五年なりといった長い期間の借入をした場合、結局支払う総額は上がることは覚悟すべきだろう。

要は、「家」とは気に入ったものを、自分のライフプランに合わせて購入することこそが大事なのだということを肝に銘じ、購入後に利率が下がったり、物件価格が下がったりしたとしても、「それはそれ」と受け流せるようにするのがもっともよい住宅購入なのだと、私は思うのだ。

第4章　災害と「街の暮らし」——阪神大水害と阪神・淡路大震災

前章では関東における天災、戦災について触れたので、本章では関西における災害について語ってみよう。阪神地区は第二次世界大戦末期の大空襲以外に、大きな天災を何度か経験している。そのなかでももっとも注目すべきは、敗戦前の昭和一三（一九三八）年の阪神大水害と、平成七（一九九五）年の阪神・淡路大震災だろう。ここで、これらについて少し詳しく述べてみたい。

このふたつの災害については、あまりにも研究成果が多い。そして、ほとんどが神戸市に対するものであり、他の阪神地区（西宮市や芦屋市など）について正面からあつかう論考は少ない。そこで、あえて芦屋市にかかわるものに限定して考えていくこととしよう。なぜなら、芦屋市は兵庫県で最も小さい「市」であり、その分、全体を把握しやすいということ、そして都市であるがゆえ、阪神間の都市機能がどのようにして復興・成立していったのかを考える補助線となると考えるからだ。

そもそも、「明治29年（1896年）に河川法、翌30年に砂防法及び森林法が制定され、荒廃する国土の保全に対する基本的な考え方が整備され」た。阪神間は「集水区域内には樹木が少なく、渓流は水無川であったことから、明治32年（1899年）、神戸市の依頼を受けた本多静六（東京帝国大学教授、造林学・造園学）は生田川流域の調査を行い、水源かん養林の育成と土砂災害から市街地を守る砂防工事での対策が必要であると指摘し」

たという（志水、２０１８年、１１６頁）。芦屋市にもかかわる六甲山治山事業の開始である。しかし「１９３８（昭和13）年7月5日、梅雨末期の集中豪雨による崖くずれを伴った山津波は、扇状地性の神戸の市街地と東隣りの住吉（現在の神戸市東灘区）から芦屋へかけて、いたるところで床上浸水以上の甚大な被害を出し」た。「これは7月3日10時から6日の10時までの72時間に、神戸測候所で４６１・８㎜の、六甲山地の高所では５００㎜を越す豪雨の結果であった。六甲山地の南斜面には小さい川が何本もあるが」、「これだけの集中豪雨に逢うと、扇状地を形成するメカニズムと同じく、大量の土砂・礫・岩石を一度に流出させたのである」（正井、１９９８年、１０８頁）。がんらい「六甲山は、急峻な地形と脆弱な地質、そして、山麓の狭隘な所まで宅地が迫り、これまで幾度となく災害に見舞われている」（村上・鏡原、２０２０年、43頁）。ゆえに、人的な被害も甚大であった。「兵庫県下で死者３７９名、行方不明１３４名、負傷者２、６６９名、家屋の流失２、８４６戸、全壊３、１１５戸、半壊２６、９２１戸（１９３８年7月17日現在兵庫県警察部調査）」（昌子、１９９３年、４２３頁）とある。

これにより、芦屋川などの護岸工事を含む街の整備が行われた。まず「阪神大水害を契機に、内務省（現、国土交通省）直轄の六甲砂防工事事務所が設置され、直轄砂防工事が、また、農林省（現、農林水産省）直轄治山事業が開始された。直轄砂防工事では表六甲［六甲山南側］の主要な河川において河川工事と一体となって砂防工事が施工され、現在と同等規模の砂防えん堤や護岸工事が施工された」（山田、２０１８年、１４６頁）。また、「河川沿道路・南北道路、公園緑地等の都市計画も重要な主題」となり（山口・西野、２０１４年、１３０頁）、「『南北道路』については、原案（A）において『交通幹線たるべき南北道路の見るべきなきを以て災害区域に於ける防火、防空避難等の用に供せしむる為』という理由で、不足している南北幹線の新設拡築が計画され」、「東西幹線道路は市答申案（B）では山手線、海岸線両阪神国道が認められたが県答申案（C）では山手線のみが認められ、海岸線、阪神国道は災害対策として附帯希望事項として、その実現をはかることになった」（同書、

131頁）。いまもＪＲ神戸線の北側を走る山手幹線は、こうして計画されたのだ。

ただし、この「復興」計画は決してすんなりと進んだわけではなかった。この大水害の直前である昭和一三（一九三八）年六月二四日に内務官僚・関屋延之助が兵庫県知事に就任した。当時、神戸は「地盤沈下」する危機感を抱いていた。「日中戦争勃発の結果、神戸港は輸出局面においては大阪港に、輸入局面においては横浜港の後塵を拝するように」なっていた。それは「大阪港が『ドア・ツウ・ドア』の港――後背地に工業地帯を持つ港――であるのに対し、神戸港が『関西全体の人々に商品を作らして自分でそれを輸出して行くのが神戸港の特色』であり貨物を大阪港に奪われる運命にあると考え」ていたからだ。やがて「浮上したのが、『大神戸』構想である。この構想は、神戸港と大阪港の間の交通通信連絡関係を強固にすることで神戸港と大阪港の間を密接不可分のものとし、『神戸は国際港としての特徴を益々発揮』し、一方『大阪は内国港』とする」、すなわち大阪と神戸を一体化することで、大阪と神戸をともに発展させるという案であった（兒玉、2021年、92頁）。そのとき、大水害が阪神間を襲ったのである。当然、関屋の喫緊の問題は、阪神間の「復旧」および「復興」となった。「復旧と復興は財源の獲得方法によって区別される」。災害土木費国庫補助規程（明治四四／一九一一年）の勅令第一九九号によれば、「復旧には二段階ある。まずは災害発生直後の応急的な措置が行われ（応急復旧）、続いて、河川等の修復、流失した橋梁の架設工事等が行われることになる（本復旧）」だ。それらは「原形復旧」であり「消極的施設」のみが補助の対象となる（同書、94-95頁）。

それに対して、被災地をさらに発展させること――「大神戸」構想を実現させることなど――は、「復興」＝「積極的施設」とされ、「復興に対する国庫補助を規定した法律はない。慣例的に、県や市町村が復興計画に対する予算を概算し、それを知事がとりまとめて所管官庁に提出したものを検査官が査定するという手続きを踏む」（同書、96頁）。予算規模が大きくなるため、まず官庁では決して即賛成というわけには行かない。そして「関屋の阪神間重視の姿勢は、市部〔神戸市〕からも全面的な支持を得られなかった」。それは「神戸市が軽視されているのではないかとの懸念」によるものだ（同書、101頁）。たしかに、「大神戸」とは、神戸市と大阪市の「中間地点」にあたる武庫郡住吉村（現・神戸市東灘区）、精道村（現・芦屋市）、西宮市、尼崎市などに多くの財源を割くことになるため、神戸市の埋没が心配されるのも無理はない。「大神戸」構想では、阪神間の国鉄線より北に山手新国道の建設、海岸部の新国道建設、埋め立てと運河による神戸港と大阪港の一体化という大規模なものであったが、大正一五（一九二六）年に国鉄線と阪神電車のあいまを走る阪神国道も建設されていることから、反対があっても不思議はない。関屋の案は「水害に対する『積極的施設』にとどまらず、兵庫県振興策を包含しようとした」もので（同書、107頁）、長い目で見ると阪神間の発展につながるものではあるが、結果的には「〔日中戦争の〕戦時、財政が逼迫する中では、振興策をすべて復興計画に盛り込むわけにいか」ず、「市部・郡部に共通して恩恵をもたらすだろう山手新国道計画」だけが実現することとなる（同書、123頁）。これが、芦屋市の高級住宅地（大原町、船戸町、松ノ内町など）や、西宮市の高級住宅地たる夙川などを生む「山手幹線」の誕生を促すのだった。こう考えると、たしかに神戸市より「郡部」の方が恩恵をこうむっているかの印象を受ける。また、運河や埋立地、海岸沿いの国道などはこのときには手つかずで、敗戦後の高度経済成長期に実現することとなる。

このように、阪神大水害の復興計画は「多くの要求が容れられなかった」。しかし、「にもかかわらず、復興計画をめぐって、戦時にはあたかも『官民一致』となって復興に邁進したようなイメージが醸成された」のは、「『水害誌』が編纂された」ことが一因となっており、「官民一致の総力運動」や「東亜新秩序の新段階」と結びつけられ、「〔昭和二〇〕1945年3月17日の神戸大空襲に際して持ち出されるほど固定化した」と、児玉氏は述べる。（以上、同書、124頁）。私の手元にある『神戸市水害復興　勤労奉仕記念』と題された写真集にも、表紙を開けるとすぐに薄い遊び紙とともに「勤労報国」という木戸幸一の揮毫があり、神戸市長勝田銀次郎も「而して其の捨身滅私の活動は実に神戸市復興の最大の原動力を為すと共に、断じて行ふ所、人間の力、特に酬ひらる、ことを求めざる清き大衆の力が、如何に大なる事業を成し遂げ得べきかを事実を以て教へたり」（田淵編、１９３８年、序）と力説している。

この本自体は、まずは被害状況などが写真で示されたのち、勤労奉仕団や小学校生徒、中等学校生徒、大学・高専学生、工兵隊、神戸市聯合青年団、兵庫県聯合青年団、大日本聯合青年団、教員団、市内町内会、在神外人団、町の婦人団、女子青年団といった、いまでいうボランティア団体や学生、青年団、女性たちから「外人」[15]まで、それこそ一致団結してことにあたっているように演出している。それは、たしかに「大東亜戦争」における「総動員体制」の萌芽にも見える。いや、そう見せようとしているとしか思えない。

ちなみに、前述のようにこの阪神大水害当時、芦屋市は存在していなかった。武庫郡精道村（明治二二／一八八九年に芦屋村、津知村、打出村、三条村の四村合併で生まれた精道村）は、昭和一五（一九四〇）年一一月に芦屋市として生まれ変わっている。芦屋はもともと大字《おおあざ》名だったが、「公共機関、駅名などにあり、村名の『精道』よりも全国的に知られていましたので『芦屋』と決定されました」。「昭和９［一九三四年の室戸台風］、13［一九三八］年に大風水害があり、精道村も甚大な被害を受け」、「この被災もひとつの契機として都市整備の充実をはかり、市制施行を目ざした」のである。「このときの人口は４１、９２５人、戸数は８、１４７戸を数えました」（以上、芦屋市、１９９０年、62頁）。このときすでに芦屋川の護岸工事や山手新国道の建設にも着手しているのはいうまでもない。（コラム４）

阪神大水害の話が長くなった。阪神・淡路大震災（平成七／一九九五年一月一七日）についても、芦屋に限定して述べておこう。震災当時、芦屋市は「面積十七・三二平方キロ、人口は約八万七千人というこぢんまりとした自治体である」（下川、１９９５年、58頁）。ということは、市制五五年で人口は二倍強になっている計算だ。当時の市長・北村春江氏は「役人の経験がない。弁護士時代を経て、四年前［平成三／一九九一年］、日本初の女性市長に選ばれている。市長にとってはそれがはじめての選挙だったし、芦屋市の主婦たちに推されての当選だった」（同書、96頁）。素人市長ゆえに手がまわらないことも多かったようだ。「犠牲者が四百人近く」（同書、34頁）、「二月十五日の発表では、全壊家屋が二千五百四十三棟、半壊家屋が千五百十九棟、一部損壊が三千百八十二棟にのぼっている」（同書、50頁）という苛酷な状況のなか、「行政のプロと自任する」市長なら「県を通すルートをもっと有効につかったかもしれない」が、「北村市長は、行政的には深い関係のない市長にも連絡をとって」支援を要求するなど「甘い」（同書、96-97頁）といわれかねない行動に出ている。しかしその反面、ボランティアをきちんと受け入れることに成功した希有の前例を作った一面もある。「ボランティアの出現は、［阪神・淡路大震災ではじめて］ひとつの社会現象にもなったが、自治体行政にも少なからぬ問題を提起した」。なぜなら「これまでの自治体レベルの防災計画にはボランティアの存在がいっさい盛り込まれていなかったからである」（同書、１６８頁）。それに対して、「そもそも北村市長という人は、ボランティアの受け入れには抵抗感のない市長だといってもいい」。もともと「市の行政に積極的にボランティアを活用してきたといってもいい」ほどだったからだ（同書、１６９頁）。「二月一日までに、芦屋市に応募したボランティアは五千人にのぼっている。兵庫県によると、二月十五日までに自治体に応募したボランティアは、個人・団体合わせて約二万八千人に達した」（同書、１６７頁）というから、芦屋市に来たボランティアは兵庫県全体の六分の一にも上る。素人市長の北村氏が、いかに多くのボランティアを積極的に受け入れたかがわかる逸話だ。若き日の私（李）も、この震災のときにボランティアで神戸市に入っているが、神戸市ではボランティアに保険がかかっていないことや、何か間違いがあったときのことを考慮し、行政からボランティアに引き取りを願う場面もあったと記憶している。さまざまな前例をつくったボランティアの受け入れは、その後の東日本大震災や熊本地震の例を出すまでもなく、行政の防災計画に積極的に盛り込まれていくのだが、その元祖として、北村市長の活躍も忘れてはなるまい。

とはいえ、仮設住宅の建設などでは、芦屋市も相当な苦労をしている。仮設住宅は一月二九日の段階で、「総数で千二百二十戸」しか準備できなかったが、必要な数は少なくとも「三千四百四十戸と見込まれていた」（同書、137頁）。また、避難所での仮設トイレも問題となる。「芦屋市は一〇〇％水洗化を達成してすでに久しい。昭和三十年代から四十年代にかけて、外国人にも住みやすい街づくりをスローガンに掲げ、市内全域での水洗化を目指し」、「昭和四十年代に完成した」（同書、120頁）ため、「一台のバキュームカーもなかった」（同書、135頁）からだ。先進的な街づくりが、徒《あだ》になってしまったのだ。

また一方では、素人市長ならではの失敗例と成功例として、水やガスの供給の遅れと温泉の開放があげられる。「芦屋市の宿命だった。南傾斜から海にかけてのエリアに住宅や商店などが集中しているため、どうしても隣接した市から水をもらうことになってしまう」し、「ガスも同じだった」。しかし、「今回の地震は、兵庫県南部をほぼ東西に延びる活断層に沿って被害をもたらした」ため、神戸市や西宮市からライフラインが寸断され、供給されなくなってしまったのだ（同書、122頁）。結果的に、伊丹市にある自衛隊から「四トン給水車などで五十六両の車両が芦屋市に入る」（同書、123頁）のだが、それにしても多少不手際な部分があるように思える。反対に、震災前に「市内の呉川町に湧出した温泉」が市民に思わぬ恩恵を与えることになる。これは「市保健福祉総合センターを計画するなかで、／『温泉があれば目玉にできる』／という意見」があったため、「呉川町〔阪神線・阪神高速より南側、芦屋川より東側にある街〕の土地を四十四億円で購入し、ボーリングを開始」（同書、161頁）したことが端緒となる。

「もし、出なかったら、首が飛ぶで」

そんな意見が市役所内でささやかれた。

しかし、北村市長はボーリングを開始した。

それは幸運としかいいようがないのだが、九百八十メートル掘り進んだところで、みごとに水脈を掘り当てたのである。（同書、162頁）

この湧出が震災前年の秋のこと、そして震災後の「一月二十七日、自衛隊の協力で、この温泉を利用した仮設共同浴場が精道小学校の校庭につくられた」（同書、163頁）。素人市長の市政の目玉として掘り進めたものが、結果的に市民の福祉に大きく貢献した瞬間だった。もちろん、この温泉だけで被災した市民全体に充分な入浴環境を与えることはできない。京都府社会福祉協議会によれば、二月一七日から「兵庫県内の市町村社協による入浴サービス支援体制が本格化し」（京都府社会福祉協議会、1996年、50頁）、「毎週木曜日は兵庫県社協と芦屋市社協が実施する緊急入浴サービスの日」（同書、94頁）だったという。(16)

そして、「復興」計画がたてられる。「芦屋市は今回、最も被害の大きかった津知町、前田町、清水町〔国道二号線をはさんで南北にある町、北側の芦屋川沿から西に前田町、清水町があり、南側に川西町、津知町がある〕や公光町〔国道二号線の南側、芦屋川東岸にある町。警察署などがある〕の一部など約三十五ヘクタールを建設制限区域に指定し、災害に強い街をつくるための新しい都市計画を実行しようとし」（下川、1995年、185頁）、結果的に清水町や前田町は、公園の中に町があるかのような美しい復興がなされた。津知町にも大きな公園や広い公道など、優れた住環境を中心とした都市計画が成就したのだ。のちにも登場する東川立来氏は、この計画によって生まれた二〇坪の狭小住宅地を手に入れる。「なぜこんな土地が出たのか？　震災後の行政指導による区画整理により、この地域に公園、道路、生活インフラが整備し直されました。その結果、公園の角地に小さな半端の《ママ》土地が生まれたのです。のちに新しい我が家となるこの土地の誕生は、芦屋市の区画整理事業が生みの親だったのです」（東川、２０１２年、96頁）。

この区画整理事業は、もっとも大きなものは先に触れた、芦屋川の西、国道二号線の南北にある前田町、清水町、津知町などだが、それ以外の街でも区画整理は行われている。例えば、阪神打出駅付近にある若宮町だが、もともと阪神高速が走る国道四三号線の北、阪神線の南、宮川の東という狭い地域で、どちらかというと打出駅に近い東部がゆったりとした区画で道も広く、反対にその西部は細い道が入りくみ、比較的「古い」印象を受ける、芦屋市のなかでは庶民的な生活空間だった。しかし、震災で大きな被害を受けた西部は「住民参加で復興まちづくりが行われ」、「計６回計画変更され、１９９６年６月に最終の事業計画案が発表された。これを受け２０００年10月までに市営住宅が全部で６棟、計92戸建設された」。この地域の「戸建住宅の再建（被害のないものも含む）は65戸であり、市営住宅と合わせて１５７戸と、従前よりも１００戸ほど減少している。これにより、被災前は約５００㎡しかなかった公園面積が、広場、緑地合わせて約１９００㎡の面積を確保するに至っている」（柄澤・窪田、２０１５年、１１１６頁）という。被害が少なかった東部は、震災以前から大きな変化はなく、「震災後はこっちのほうが古くなってしまった」（同書、１１１８頁）とさえいわれているようだ。大きく被災した芦屋の町は、災害を転じて、住環境の向上がはかられているのだ。

また、芦屋市在住の宮原浩二郎氏は、阪神・淡路大震災での体験から、社会学者としての知見を披露している。宮原氏は南北に長い芦屋市を、阪急線より北のマウンテン、阪急線より南でＪＲ線より北のマウンテンサイド、ＪＲ線から阪神線までのセントラル、阪神線より南の旧シーサイド、さらに新たに埋め立てられた新シーサイドと高度の高いところから低いところへと「輪切り」にして考察している。そして、マウンテンを「邸宅地」、新シーサイドを「新住宅地」とし、それらは被害状況が比較的浅かったと述べ、セントラルサイドと旧シーサイドに老朽木造家屋が多く、倒壊家屋などが集中したと論じている。たしかに、すでに見たように清水町や前田町、津知町、公光町、若宮町などはこのセントラルサイドあるいは旧シーサイドであり、若宮町西部は老朽木造家屋が密集していた。例えば、下川裕治氏の著書にもこうある。

阪急神戸線を越え、ＪＲ神戸線にさしかかってくると風景が一変する。跡形もなく倒壊してしまった家々、外壁が落ちて傾いたマンションがそこかしこに見えた。大正橋［芦屋川にかかる橋の名前。阪急芦屋川駅の北側から、開森橋、大正橋、ＪＲ線架橋、国道二号線にかかる業平橋の順で並んでいる。］に近いＪＲ神戸線の陸橋にさしかかると、その中央部が一メートル近くも陥没しているのが目に入った。ここは通れない。日高［滋・秘書］課長［当時四七歳］は車をＵターンさせる。

（下川、１９９５年、18頁）

彼は国道二号線沿いの、西宮市に近い楠《くすのき》町のマンションに暮らしていたが、朝日ケ丘町——阪急線よりかなり北にある「マウンテン」の、北村市長が住んでいる町に向かい、安否を確認したあと、さらに国道二号線の南側で芦屋川東岸にある精道町の市役所へと走った。そのとき「阪神大震災は活断層のずれによるものとされている。その特徴は局地的に激しい揺れに襲われたことだ。芦屋市を見ても、津知町《つぢちょう》、川西町［津知町の東隣、芦屋川の西岸の街」、前田町あたりを中心にした一帯の被害が最も多い」（同書、16頁）と、臨場感に富む描写がある。宮原氏がいう「マウンテンサイド」と「セントラル」だが、ＪＲ線の北と南では、芦屋市のなかでも被害状況に微妙だが、やはり違いがあることがわかる。私の感覚でも、ハザードマップなどの指標を勘案したい。宮原氏のいう「マウンテンサイド」は、ある程度の被害を受けているが、セントラルほどではなかったのは間違いなく、また地価が最も高い地域で、特に「はじめに」で述べたように、私が芦屋の「田の字」と呼んでいる場所を含んでいる。ハザードマップで見てもマウンテンサイドは安全圏だ。後述するように、住宅を購入する場合、やはりハザードマップを参照することは大切なことであるといえよう。

また鉄筋コンクリート造建物の阪神・淡路大震災での被害状況は、旧耐震基準以前のもの⑴、旧耐震基準のもの⑵、新耐震基準以降のもの⑶といった三つのグループに分けて分析すると次のような結果となる。「修復は不可能に近い」大破をした建物は、⑴が五六％、⑵が二二％、⑶が五％。「大規模な補強あるいは小規模な補強が必要」な中破した建物が⑴が二九％、⑵が三一％、⑶が二〇％。「無被害」やそれに近いものは、⑴が一五％、⑵が四七％、⑶が七五％となっている（秋山、２００８年、19頁）。このように、震災による被害状況と耐震基準の関係は、数字ではっきりと出ていることを附言しておこう。

第5章　「富女子」たちの住宅購入

昭和敗戦後の時代には、日本では結婚するのが当然とされてきた。ほとんどの男女は結婚を経験した、といっていい。しかし平成以降、一生結婚しない「非婚」率は上がっており、内閣府『令和4年版 少子化社会対策白書』によると、令和二（二〇二〇）年、五〇歳になった時点で一度も結婚をしたことがない人の割合は、男性二八・三％、女性一七・八％だという。男女比で、女子の方が非婚率が低いのは、経済的に男性よりも劣位にある女性が、結婚しないで生きていくことを選択することの難しさを示しているのかも知れない。

しかし、キャリアの高い女性（大卒やそれに準ずる学歴で、有名企業などで総合職として仕事をする女性など）は、同世代の男性より年収が高いことも決してめずらしくないため、自分よりもキャリアの低い男性と結婚するぐらいならひとりでいることを選ぶということもあるかも知れない。また、男性の非婚率の高さは何のためかはわからないが、おそらく経済的に余裕が無い（女性を専業主婦とするという古い考え方からすると、それを実践できない経済水準である）ため、結婚できないのかも知れない。

ここで問題になってくるのは、将来を心配する若い世代、特に「ひとりの老後」に不安を覚える女性たちに対して、「営業」をかける不動産業者が増える可能性が高くなるということだ。もちろん、そのこと自体は問題ない。なぜなら、一生ひとりでいる可能性が高い女性が、老後を心配したとき、「『どんなことがあっても私には家がある』という精神的なゆとり、そして『資産としての家』がもたらす金銭的なゆとりは、その後の人生を有利に、そして将来への漠然とした不安を軽減してくれる」（尾崎、2022年、25頁）からである。平成二四（二〇一二）年一二月に発足した第二次安倍内閣と、その経済政策をになった日本銀行総裁の黒田東彦（平成二五〜令和五年／二〇一三年〜二〇二三年）のマイナス金利政策によって、住宅ローン金利は過去最低水準となった。平成二四（二〇一二）年では、住宅ローンの固定金利は二％台が常識だったが、徐々に下がり、この五年ほどは一％台もめずらしくない。この大胆な金融政策が、住宅購入を後押しし、「令和マンションブーム」を生んでいるわけだ。[17]

やはりここまで、問題はない。いや、尾崎幸弘氏のいう、キャリアのある独身女性こそ家を買うべきであるという主張は「正しい」とさえいえる。また「富女子」という呼び方もなかなか眼を惹くことばであり、説得力あることばをつむぐ能力のあるひとだと思う。ただし、私から少し付け加えておきたい。彼のことばには次のようなものがある。独身女性が初めて「マンション」を購入する年齢は、三〇代前半が一八・五％、三〇代後半が二七・五％、四〇代前半が二一％と、三〇歳から四四歳までで、合計六七％に上り、まさにボリュームゾーンといっていい。そして、その属性も「正社員」が八二・六％であり、年収も四〇〇万円台が二〇・八％、五〇〇万円台が二四・三％と、平均年収以上を稼ぐ正社員の独身女性がやはりもっとも多い購入者層となるわけだ（以上、尾崎、同書、22頁）。

さらに「結婚後に家を購入する場合、その物件は夫の名義、もしくは共同名義となることが大半」だから『自分ひとりの名義の家』を得るには、結婚前しかチャンスがない」（尾崎、同書、24頁）とあおる。生涯非婚の女性だけではなく、結婚する予定があるキャリア女性までを対象としているのが特徴だ。しかし、彼女たちが「結婚」を選択したとき、「妻」名義の物件があった場合、それを売却して夫婦で住む家を購入する資金とするという提案を、「夫」となるひとからされることもあるのではないだろうか。もちろん、昨今は人生設計も多様化しており、「妻」名義の家を保持することに疑問を持たない「夫」もいるだろう。しかし、その場合でも「妻」名義の家は「妻」の収入から住宅ローンを支払い続けることになる。尾崎氏の前掲書では、独身時代に購入した「妻」の家に夫が入居する例もあるので、やはり一概にはいえないが、「夫婦で住む家」を別に購入することで、「妻名義の家」とふたつのローンが残る結果となる可能性は否定しきれない。もちろん、愛しあった夫婦でのことだ、「妻」名義の「家」を賃貸に出すことでローン残債を支払っていくという手段も残されており、その意味では結婚後の「妻」と「夫婦」の人生設計がより豊かで選択肢の多いものになる可能性も多分にある。尾崎氏が力説するところは、ここなのかと、私は思う。

さて、尾崎氏は二〇代、三〇代女性を対象としたセミナーを継続的に開催しており（同書、カバー袖、著者紹介文）、そこで出会った女性たちに「家」を売る仕事をしている。何度もいうが、このこと自体にはなんら問題はない。そして非婚を選択した女性や、自分名義の家が欲しいという女性を対象として物件を販売するのも、理にかなっている。いや、正しいといえよう。問題は、彼の著書に登場する女性たちが買っている「家」の多くに、いわゆる「旧耐震基準の集合住宅」が目立つということだ。彼の著書の末尾に、五人の「家活」女子が紹介されているが、そのすべてが三〇代、（購入当初）未婚、会社員であり、年収も平均年収といわれる四〇〇万円以上なのだが、購入した物件は「35㎡」「築45年」（同書、１１４頁）、「43㎡」「築45年」（同書、１２６頁）、「36㎡」「築40年」（同書、１３８頁）[18]、「40㎡」「築50年」（同書、１４８頁）、「40㎡」「築30年」（１５８頁）と、かなり狭小であり、しかもほとんどが「旧耐震基準」の物件であることがわかる。尾崎氏自身が語るとおり、住宅購入にかかわる所得税控除は、令和三（二〇二一）年から『50㎡以上』から『40㎡以上』に引き下げられました。『住宅取得控除』とは、住宅ローン残高の1パーセント相当額が、10年間は所得税から減税されるというもの〔令和四／二〇二二年からは０・７％相当額が一三年間に変更〕」で、「中古の耐火建築物の場合は25年以内に建築された住宅であること」（同書、23頁）が条件となる。すると、上記の五人の女性のうち、この条件にあてはまるのはひとりもおらず、「新耐震基準」の物件を選択したひとも最後の一名のみだ。このひとだけは年収が飛び抜けて多い八五〇万円で、選択肢が広かったからだともいえるかも知れない。

そのうえであえて引用してみよう。「家活」女子たちはいう。「もともと、不動産購入のセミナーには何度か参加したことがあり」（同書、１３９頁）、「尾﨑さんの仲介によって不動産購入をした何人かの単身女性とお話をしたことがあるのですが」（同書、１５３頁）と、不動産購入に意欲的であり、かつ尾﨑氏のセミナーに啓発されていることがわかる。尾﨑氏は、住宅ローン控除のことも熟知している。最近では、「旧耐震基準」のものだから、平米数が狭小だからという理由だけで、必ずしも住宅ローン控除の対象外になるわけではないようだが、それにしても彼女たちは控除に該当しにくい物件を購入しているといえまいか。もちろん、キャリアのある女性である「家活」女子たちのことだ、それも納得ずくで購入しているとは思う。例えば、結婚したら賃貸に出すという知恵も、セミナーでは話されているだろうし、その話には説得力もある。キャリアのあるひとたちが、業者のすすめだけで物件を購入するなど、そもそも考えにくいからだ。だから彼女たちは、あえて手の届きやすい「旧耐震基準」物件で、その代わり都心部にある駅から徒歩ですぐの「あとあと賃貸に出しやすそうな物件」を選択していると見るべきだろう。彼女たちがこのような「考察」「計算」ができるのも、尾﨑氏のセミナーによって物件選びの知識を豊かにした成果だと、私は思う。

もちろん、売る側、仲介業者、買う側と、それぞれ思惑は別になる。売主に基礎的な物件売買の知識がなかったり、買主の優先順位の第一位が「都心部の便利な駅から徒歩数分」ということもあるだろう。尾﨑氏の本によると、「家活」女子たちの買った物件は、二千万円以上から四千万円弱といったものだ。それなりに大きな「買い物」ではある。しかし、仮に転売するときに大きく損をせず、「都心部の便利な駅から徒歩数分」の物件なら、売却時にもローン残債を補ってあまりあるかも知れないし、仮に「バブル崩壊後」のような「物件が売れない時代」が訪れても、致命的な借金を背負うことにはならないだろう。いや、むしろ、購入した物件が建て替え＝タワマン化することによって大きく蓄財することも可能かも知れない。

だが、やはりここで私は強調したい。肉や魚を買うときはきわめて慎重になるであろう一般の消費者――スーパーで肉や魚が「二割安」になる「時刻」をきちんと計算して、それに合わせて食材を買う消費者――が、こと不動産だけは「仲介業者」を信じて、そのまま購入してしまうのは、よくない。もちろん、尾崎氏のように有志の仲介業者が懇切丁寧に指導しているのなら話は別だ。しかし多くの場合、「仲介業者」は「売ること」が仕事であり、「売ること」で生活をしている「取引相手」でしかなく、そもそも「購入者の味方」ではないのだという知識をまず持つべきだろう。

仲介業者の話を信じ、例えばＪＲ幹線の大きな駅から徒歩一〇分以内の便利な「物件」を紹介されるまではいい[19]。しかし、耐震基準などに関しては、偏りなくさまざまな媒体を利用して、自分で勉強する必要がある。ＪＲなどの幹線にある大きな駅から徒歩圏内（徒歩一〇分以内）というのはたしかに住宅購入では大事な要件だ。そうでなければ、資産価値（再販可能性）が著しく下がる可能性は排除しきれないといえよう。考えて欲しい、残業後に駅前のスーパーで惣菜を買って、上り坂を二〇分以上歩かなければならないところにある「物件」は魅力的だろうか。

そして、それとあわせて考えなければならない大切な要件は、尾崎氏が語っていた「築二五年以内の四〇㎡以上の物件」という、税制上の優遇措置が受けられる物件のなかから探すということではないか。もちろん、現在は税制の優遇も大きく変化、複雑化しているから、そのこともおさえておくべきだろう。物価が上がり、銀行金利がかなり低い現在（令和五／二〇二三年）、預金しているだけでは資産が目減りするだけだ。だからこそ、資産価値の形成に関する知識を持ったうえでの「家」＝物件購入行動が必要なのではないだろうか。

先に紹介した尾崎氏の本に登場する「家活」女子たちは、自身の資産形成としての「家活」を後悔していない。そして、仲介業者である尾崎氏に感謝しているようだ。何度もいうが、彼女たちは納得ずくで住宅購入をしているのだから。しかし、先の五人の女性の住宅購入体験記をあえて意地悪く読むと、キャリアのある女性がはじめての住宅購入で小さなミスをする瞬間を見る思いがする。俗に「マンションは管理を買え」というが、はた目から見ても、もう少し値下げ交渉ができたのではないかと少し心配になる例もなくはないからだ。[20]

中古の集合住宅を自ら進んで購入し、成功している有名人（女性）もいる。ここでは何人かの有名人を紹介しよう。まずは岸本葉子氏。エッセイストとして有名な彼女だが、いわゆる「おひとり様」として生きることを視野に、二〇〇〇年代に入ってから住宅を購入する。彼女が四〇歳になった直後のことだ。このあたりは、先に引用した尾崎氏のデータと一致する。彼女は住宅購入を考えたとき「まず本を買わなきゃ」（岸本、2002年、19頁）と考える。このあたりが、売れっ子エッセイストの面目躍如たるところだ。

彼女の両親も「せめて結婚に代わる基盤を、と前々から願っていた」ため、その購入には積極的だったようだ。彼女がそのとき住んでいた賃貸物件は、「もう十年以上になる。2DKというのか、四畳半の台所兼食堂と、四畳半、六畳の和室。家賃は約十万円」（同書、14頁）といったもの。決して安くはない賃料だ。物件購入に際して、不動産仲介業者と話すうち「マンションは管理のよし悪しがものを言う。長く住むつもりで買うなら、今現在の築年数の数年の差より、管理で選んだ方がいい」（同書、19頁）と注意される。

何度もいうように、「マンションは管理を買え」といわれる。それはすでに見たように、管理が行き届いてない（メールボックスや共用部分が汚かったり、掲示板に何年も前の張り紙が残っていたり、居住者のマナーが悪かったり）物件は避けるべきだと、私も思う。また、管理は管理会社に委託されている方がいい。自主管理というものもあるが、これは居住者が自主的に管理するというもので、管理費を引き下げることは可能であるものの、一人ひとりの負担が大きかったり、理事長を長く務めるひとが独裁的な行動をとるなど問題が多いからだ。(21) 先に引用した尾﨑氏の仲介で集合住宅を購入した「家活」女子のなかにも「内見したうちのある1件は、自主管理のマンション。共用部分に汚れが見られ、管理体制がずさんなようすが気になりました」（尾﨑、2022年、131−132頁）といっている。要するに、「管理がなっていない」ことを不満に思い、その物件を購入しないという選択をしたわけだ。これも尾﨑氏のセミナーによる教育の成果といえよう。尾﨑氏の紹介する「新耐震基準」の集合住宅を購入した「家活」女子のなかにも「管理人さんがすばらしい。共用部分は常にきれいに清掃され、ゴミ置き場には花まで飾ってあります。マンションは管理体制が大切であるとは知っていましたが、こうしたきめ細かい心遣いが、満足度を大きく上げてくれるんですね」といっているひとがいるぐらいだ（同書、167−168頁）。

岸本氏の話に戻そう。彼女が買った物件は、当時築一四年の集合住宅の一階部分である。

玄関を入った一方がリビング、もう一方に二つの部屋がある。風呂、洗面所、トイレ、キッチンとひととおり案内してもらって、リビングに戻る。天井が高いのと、壁が白いせいか、五十九平米という面積の割りに広く感じる。数年前リフォームをしたそうだ。そのためか、新築のようだ。

「なんか、ほんと、モデルルームのようですね」

オオイリさん〔売主〕にそう言った。

（買うのは家なんだ、中のものは付いていないんだ）

と頭ではわかっていても、あまりに美しく整えられているために、ついつい観賞してしまう。

（岸本、２００２年、21‐22頁）


結局、彼女はこの住宅を購入する。フリーランスのエッセイストでも、過去の確定申告歴で収入がおよその程度かがわかれば、銀行は融資するのだ。彼女が有名エッセイストだったというのも有利にはたらいているかも知れない。このとき同行していた「父はオオイリさんと壁の絵画の話などをしつつ、ご近所はどんな人か、さりげなく聞いていた」（同書、22頁）というから、きちんと知識を身につけていた娘に対して信頼しつつも、親として「ご近所」というとても大切な要素について、情報を得ようとしていたわけだ。当時、築一四年（昭和六〇年頃／一九八〇年代半ばの建築か）の集合住宅で、五九㎡なら、当然住宅ローン控除対象物件だ。彼女の感覚は非常にたしかだといわざるを得ない。

ただし、購入した物件が一階部分であるということは、将来的な売却などの可能性を考えると決して賢明な判断だったとはいいにくい。なぜなら、一階部分は地面に近く、専用庭があるため戸建て感覚で暮らせるという利点があるにはあるのだが、専用庭にはそれなりの使用料が別にとられるのが集合住宅の常識だし、集合住宅のもっとも「良い点」すなわち「外部から生活を覗かれにくい」という防犯性や、湿気や集中豪雨など床上浸水時の危険性を避けるという側面で、二階以上にある物件に劣るからである。実際、岸本氏は一〇年ほど後に書いたエッセイで「私の部屋は一階で、専用庭に面している」とし、「年をとると階段の上り下りがたいへん、エレベーターは災害のとき立ち往生。一階だと庭仕事は負担でも、緑にふれるのは癒《いや》しになると積極的に評価した。同じ『緑にふれる』のでも、ベランダで鉢植えをいじるのにとどめた方が、正解だったか」（岸本、2015年、34-35頁）と述べている。「緑にふれる」のことばでわかるとおり、生活の快不快原則が購入の決め手であったことがわかる。もちろん、再販する必要がないというのなら、それはそれで問題ないのだが、彼女の後悔は「庭いじりの手間」などに問題を感じてこの「部屋」を売りに出し、二階以上の部屋へと移り住もうと考えても、買主を見つけるのがそれほど容易かどうか、判断の分かれるところだからだ。

引用文にあるとおり、「数年前リフォームをした」ことで、まるで「新築のようだ」と感じる岸本氏。これは彼女に限ったことではない。さっきの尾崎氏に仲介されて物件を購入した「家活」女子たちも「築45年の古いマンションということもあり、好立地な1LDKにもかかわらず2000万円程度で購入できること、全体的にきれいにリノベーションされていて清潔感があったことなどから、とても好条件な物件だと思うようになりました」（尾崎、2022年、117-118頁）とか、「フルリフォームが完了したばかりで室内が新築のようにきれい」（同書、131頁）など枚挙にいとまがない。しかし、リノベーション（リフォーム）をした物件ということは、そのリフォーム会社の利益がのっており、もしもそれが不動産仲介業者が所有している物件だったら、（表面上の金額には書かれていないが）消費税一〇%が付加されていると考えなければならない。岸本氏の場合、運良く「数年前」にリフォームが完了している＝売主が自分のためにリフォームしたため、それが業者の利益とは無関係であったため、その分得をすることができたということだ。

さて、このリフォームの話だが、もう少し詳しく話すことにしよう。日本ではまだ新築志向が強い。それは、新築＝誰も住んだ履歴がない＝きれいという意味があるからだ。だから、中古物件でも会社が買い取り、

「まるで新築のように」フルリフォームを施して、その分の会社の利益や広告費などをのせて販売するという戦術がとられることが多い。家を購入する場合、ほとんどが夫婦・家族が主な対象であり、男性ひとりで住宅を購入するということはあまり多いとは思えない。ましてや女性ひとりで住宅を買うというのは、最近までほとんどなかったことだ。その際、思い起こすことができるモデルとは何だろう。それは、昭和の頃に成立した「専業主婦」だ。そのひとが「家」でもっとも長い時間を過ごすことになる。日本の「家」が、女性目線になってしまうということについては、宮脇檀氏も次のように述べている。

日本の男たちは会社人間になって、二つのことを捨てました。育児・教育に関することと家づくりです。男たちは「俺は仕事に生きる、育児や教育、家づくりは男子一生の業にあらず」といって、丸ごと家へ置いて出ていったのです。
置いていかれた奥さんの両肩に家づくりがドンと載ってしまいました。

（宮脇、１９９８年、68頁）

もちろん、専業主婦という存在が生きていた時代のことばだが、いまでも「育児」や「近所づきあい」など、家のことが女性により一層負担になっているのは否めない。だからこそ、女性をとりこにするのが、住宅販売では重視されがちではないか。見た目が新築のようで、眺望がすばらしく、キッチンが新調されているというのが、女性がとりこになる＝一目惚れする物件の一例かも知れない。「眺望」といったが、この点が最も強調されたのが、タワマンであり、その人気の原動力となっているといってよいようだ。[22]しかし、「見た目」を強調する方法は他にもあると、碓井氏は述べる。

> では、女性に衝動買いを起こさせるにはどうすればいいか。これはいつの時代も共通で、最も容易な方法は、キッチンや洗面、お風呂などの水回りを豪華にすることにつきる。
>
> たとえば壁紙の原価は、1㎡当たりほぼ100円と言われている。意外に感じるかもしれないが、新聞紙より安いのだ。これを300円の高級な仕様に変更したとする。両者を比較すると質感がまったく違うため、住み始めればその違いが必ず実感できるのだが、これで販売結果に差が出るかといえば、それはほとんど期待できない。消費者は両者の違いに気づかないからだ。（中略）
>
> それに比べてキッチンは、ひと目見ただけで変化を感じられる。最近の一般的なファミリータイプマンションのキッチン幅は240cmだが、これをたとえば270cmに拡大すると、誰でもその違いがわかる。
>
> （中略）
>
> ところがキッチンの原価は、長さ1m当たり10万円から15万円でしかない。仮に幅を30cm延ばしたとしても、原価の上昇はわずかに3万円程度。壁紙を高級仕様に変更するよりも、はるかに少ないコストアップでしかない。
>
> （碓井、2012年、109-110頁）

どうだろうか。「見た目」にまどわされると、実は販売業者の利益だけがあがっていることなどざらにあるのだ。そして、私はこうも思う。家事を完全に分担するという「家族のかたち」が成立しても、やはり男性たちもこのキッチンにイチコロになってしまうのではないか。ゆえに、新築の分譲集合住宅や、中古の分譲集合住宅のなかでもリフォーム済み物件は、むしろ「損失」があるのではないか。だからこそ、物件を購入したあとで、自分でリフォームをする――いや、家づくりを考えると、他人がリフォームした住宅より、自分が好きなようにリフォームした方がより満足度が高くなるだろうし、工事費の上に余計な「利益」や広告費がのっかっている物件より、よほど安く手に入るはずだ。それでも、多くのひとはすでにリフォームされた家に魅せられてしまう。それほど「見た目」に騙されることは一般的にあることであり、くり返していうがこれはなにも女性に限ったことではない。[23]

リフォームの話が出たところで、もうひとりの「富女子」に登場してもらおう。「はしゃ」というペンネームで活動するマンガ家でイラストレーターの女性だ。彼女の場合、「猫を飼いたい」という理由で、住宅を購入しようと考える。それまで住んでいたのは、２Ｋのアパートで、築四〇年、三三㎡。一カ月の賃貸料は七〇〇〇〇円で、管理費は五〇〇〇円だった（はしゃ、２０２３年ａ、２頁）。不動産知識のない彼女は、不動産業者（地元の業者）にいろいろ教えてもらいながら、「中古マンション」を内覧し始める。二〇〇〇万円以内で都心部にある集合住宅を考えていた彼女は、令和二（二〇二〇）年初頭に築四三年（旧耐震物件）、四四㎡の住戸を購入した。「外観は年相応でした」（同書、12頁）が、内覧すると「中超キレイ」（同書、13頁）で、同じ集合住宅内の先述の物件（三階）を一八〇〇万円で購入した。この物件のいいところは「・ペット可　・駅から２分　・新耐震基準［耐震補強物件］　・給排水管とり返え済＋５年保証　・２０００万円以下」（同書、15頁）だという。しかし、すでに述べたように旧耐震基準の集合住宅を新耐震基準へと補強することは難しく、おそらく「がんばって柱などを増やした」程度のことではないかと思う。築四三年すなわち昭和五二（一九七七）年竣工の集合住宅は、新耐震基準に完全に合わせることはできないのだから。しかも彼女はもうひとつ間違い（だと私には思えること）をしてしまう。それは「値引き交渉」をしなかったことだ。

この住戸の売主は、同じ集合住宅内に複数の住戸を保有しており、それをすべてリフォームして販売していたという。そこで、広めの部屋を選択したのははしゃ氏の数少ない正しい選択だが、「ね、値切ると何が起こるのですか……?」という質問に「複数の申込みがあった場合優先順位が下がります」(同書、23頁)といわれ、そのままの金額で購入してしまうのだ。売主は複数の物件を同じ集合住宅で持っているのだが、そのこと自体が少し気になる。要するに、「売却」目的で仕入れ、リフォームして売っているように思えるからだ。しかし、はしゃ氏はそれだけ気に入った＝一目惚れしたということだろう。彼女はまだ二〇代、たしかに駅から歩いて二分で、「まるで新築のような部屋」を、二〇〇〇万円以下で購入できたらと舞い上がる気持ちもわかる。[24]例えば、三五年ローンで購入したら、金利が安い今、一カ月の支払いは七万円ぐらいなのではないか。もちろん、管理費(管理会社などに支払う経費を居住者が分担)と修繕積立金(一〇～一五年に一回の割合で外装、配管、屋上などの共有部分の大規模修繕が必要で、居住者はそのための基金を毎月支払う)は必要だが、賃貸物件の場合でも共益費はかかり、保証金や契約を更新するときの更新料などがかかることを考えると、それよりも満足度の高くなるであろう分譲集合住宅の区分所有の方がよいとは思う。しかし、外観が「年相応」であるなら、「管理」はあまり行き届いていないのではないかと、他人事ながら心配にはなる。

そして、やはり彼女にも「購入した物件の売却」という状況が、たった二年後に訪れる。その理由は「気がついた頃にはモンダイだらけのヤバ物件に……／根本的な改善が難しいモンダイばかりだったのでもっとヒドい状態になる前に手放すことにしました」(はしゃ、2023年b、3頁)。表面上のリフォームでは見えなかった構造上の問題、がんらいが改善し難い耐震補強の問題などが重なったようだ。まず、委託している管理会社を変更するかどうかで管理組合がもめ、結果的に管理会社が手を引いてしまったため、自主管理体制(住民が管理全般を分担して行うこと)になってしまったということ(同書、14頁)。「共有部の排水管の素材が鋳鉄管《ちゅうてつかん》というものでして管の内側のサビがすごい」ことから、多くの住戸で排水トラブルが起きてしまったこと(同書、

20頁）。これらは、はしゃ氏がこの物件を購入した不動産会社の「目論み」にもよる。実は、この不動産会社は複数の新規入居者を入れ、管理会社を自社に都合のいいところへと変更しようとしていたというのだ（当初は、管理費が下がるが、のちのち管理費が引き上げられると、管理組合内で噂される。同書、16頁）。

しかし、これは築年数が四〇年を超えていることを考えると当然であり、大規模修繕で排水管などの交換がきちんとされているかは、購入前に確認すべきだったのだ。[25] そこではしゃ氏は「恋人の部屋が更新を迎える時期」だったこともあり、「一気に同棲の方へ舵を切り」「やっかいごとがこれ以上増える前に売却しよう！」（同書、27頁）と恋人との賃貸物件での生活へと動く。だが、ここでも彼女は失敗する。「専属専任媒介契約」を不動産会社と結ぶのだが、この契約を結べば担当する不動産会社は「両手（売り手も買い手も自社が媒介し、手数料を両方から取る）」を考えるのがふつうだ。はしゃ氏は悩んだ末に「相場」を調べ、直接不動産会社に一六〇〇万円で売却してしまう。もしも一般仲介で、多くの購入希望者を相手に売却していたら、いやそれ以前に購入時に物件の値段を交渉し、五〇万でも安く買っていたらと思わずにはいられない。

彼女はこれを「失敗」のように考えているようだ。たしかに、よいかたちで終わってはいない。しかし、そう悪くもないと私は考える。一六〇〇万円で売却するなら、仲介手数料は物件価格の三％＋六万円＋消費税一〇％なので六〇万円弱、印紙代などを含めても七〇万円程度ということになる。購入価格より安くはなっているが、彼女自身がいっているように「［もしも一五〇〇万円で売却したら、売却益は］１４４４万　残っている住宅ローン、ギリ払えるか……ってくらい」（同書、30頁）だといっているので、一六〇〇万円で売るのならそれより一〇〇万円ほど余裕があることになる。ローン残債を支払っても、引っ越し費用は充分に残るではないか。これは彼女の選択が正しかったというより、「相場」の上昇によるものだといえよう。彼女が物件購入に動いていたのが令和元／二〇一九年。購入したのが令和二／二〇二〇年の初頭で、売却したのが令和四／

二〇二二年だったため、ギリギリ不動産価格がもっとも高くなった時期である令和四／二〇二二年に売却できたという、ほんの少しだけマシな売却ができたということだ。巻末のインタビュー風「あとがき」にも、「まともじゃない築古の安い物件よりはどうせ〔住宅ローンの金利が低いから〕月々の返済額は高くないのだから販売価格が高めでも年数が経っても売れやすい物件を選びたいです。売れないとか管理が悪いとかの方が後々困る……！」（同書、40頁）と素直な感想を述べている。はしゃ氏の事例は、物件購入の際、ほんとうにいい教訓になると、私も思う。

このように、物件購入には成功と失敗が必ずある。最初の不動産購入で大成功をおさめることはかなり難しいのだ。岸本氏は築浅かつ数年前にリフォームした物件を購入するという成功をしたものの、長く住むことで一階部分の区分所有の難しさに逢着している。また、はしゃ氏は、せっかく購入した物件を手放し、新たな家族と暮らす家を探すという手間を強いられてしまった。しかし、これは決してめずらしいことではない。物件購入を最初の一回目で成功する例は、購入者側の「勉強量」と「運」が重なっていなければどうしようもないこともあるのだ。

先に引用文献で登場した、リフォームの問題についても、ついでに考えてみよう。少女漫画家として活躍していたくりた陸氏は、乳癌におかされ、ついに命を落としてしまう。この闘病と家族の絆に関しては、『陽だまりの家』に詳しいが、実はここにも住宅のリフォームにかかわる問題が描かれている。彼女の一家は、「バブルは終焉を迎えつつあった」時代に、「８０００万円だって　25坪で」という「驚きの価格」の中古戸建てを購入した（くりた、２０１７年、19頁）。しかし「我が家は築30年くらいの中古住宅をリフォームしたもの　ところがリフォーム屋が良くなかったらしくとにかく使いにくい　使っている建材も安っぽい」（同書、１５３頁）という。やはり悪い業者に狙われた例なのかも知れない。なにしろ「当時何もわからず言われるまま1千万かけて内装をリフォーム　でもそれは相場からはずいぶん高かったことを後で知る」（同書、88頁）。おそらくは都内のいい住宅地の家なのだろうが、バブル崩壊直前の土地が値上がりし、金利も高かったころに、不動産業者とリフォーム業者の双方にカモにされ、一億円近くのお金をかけて不良住宅を手にしてしまったわけだ。彼女は、「今の家で死にたくない」（同書、１５４頁）という理由で、ついに理想の家を新築するのだが、それにしても悪質な業者があったものだ。このような業者のイメージがあるため、リフォーム済みの物件を好んで選ぶひとも多いが、リフォームは業者の選定さえ間違わなければ、自分でリフォームをしても「いい家」になるのだ。ではどういう業者を選ぶのがいいのだろうか。これはまず「運」があるかも知れないが、施主の努力次第でいい家をつくってもらうことは可能なのだ。以下の文章は、年収六〇〇万円世帯である東川氏が芦屋に土地を購入し、一戸建てを新築する話に登場する。

毎日、現場に足を運び私がやることは3つ。「パトロール」「写真撮影」「職人さんに挨拶をする」。まず、通勤前に現場に着くと、寝ぼけ眼の私とは対象的に、職人さんはもうエンジン全開で作業にとりかかっています。職人さんの朝は早い！　そしてデジカメでまず、全体像をパシャリっ。（中略）次に職人さんに挨拶。「おはようございます！」。職人さんは童顔の私を見て、「はあ？　誰これ？」みたいな表情を浮かべていますが、一応会釈はしてくれました。職人さんと仲良くなるのは何の為か？　これも以前書いたとおりですが、施工業者と仲良くなることは「手抜き工事」のリスクを最小限にする力を持つのです。（東川、２０１２年、１５６頁）

彼はこの工事が始まる前に、施工業者の社長や設計士などと会う際に「家族全員を連れて行った」という。「できるだけ家族ぐるみで仲良くなって、親身になって、家づくりに取り組んでもらうためでもあります。悪い言い方をすれば、手抜きをされずに最大限のいい仕事をしてもらうための私の作戦なのです」(同書、122頁)とあるとおり、設計士だけではなく、職人とも仲良くなって、この施主のためにがんばろうという気持ちにさせるという家づくり必勝法なのだという。(26) 私も、京都の町家を改築して住んでいるが、毎日のように職人さんに飲み物片手に会いに行き、頭を下げてまわったものだ。私と同じ感性の人間が、芦屋で家づくりに成功しているというのは、実に気分のいい話である。

さて、話をもとに戻そう。分譲集合住宅は、どうしてもコンクリートを多く使用した建物となってくる。すると、そのコンクリートの耐用年数は少し問題となりそうだ。一般的には、六五年といわれているが、きちんと管理さえしていれば八〇年以上もつといわれているし、逆にきちんと管理されていなければ五〇年でボロボロになりもする。築四〇年ほどの集合住宅で、外観が「年相応」なら、おそらく六五年〜七〇年はもつだろうが、できれば「築四〇年とは思えない」と感じるほどの集合住宅を選択したいところだ。先に登場してもらったはしゃ氏の場合、実は築四三年に過ぎないのに、すでに耐用年数の限界という問題に逢着していた。では、耐用年数の限界が来た集合住宅はどのような結末を迎えるのか、気になるところだ。次章ではそれらの問題についてて考えてみよう。

コラム３　バラック

震災などの自然災害はもちろん、戦災などで緊急に必要となる仮設住宅とは、いつを起源としているのだろうか。「応急仮設住宅」とその市街地化に関する研究をしている青柳聡氏によれば、「応急仮設住宅の歴史は東京都全土が大火に包まれた１９２３年（大正12年）９月１日にはじまった」としている。このとき「多くの住民は住処を追われ近隣のオープンスペースに身を寄せ合い」、「臨時震災救護事務局が翌日の９月２日に設置され、救護事務局主導でオープンスペースに逃れた住民に対し陸軍の携帯用天幕を設営し一時避難所とした」ことが発端のようだ。しかし「携帯用天幕」すなわち簡易テントでは充分な仮設住宅とはいえない。そこで「９月４日に東京府と救護事務局が仮設バラックの建設を決定し９月５日、６日の避難住民の調査を以って仮設バラック建設に乗り出した」。これに対して、「一刻も早く住処を確保したい住民はゲリラ的に自力による仮設バラックの建設をはじめていた（これらを自力建設仮設バラックとする）」。しかし、「区画整理を目論んでいた国は、仮設バラックに一定の水準を求める勅令を該当地に対し９月15日に公布した」。これが勅令第４１４号「いわゆるバラック勅令」だ。この勅令で「仮設バラックの設置期限を２年と定める規定がされた。しかし完全撤去がされるまでは５年の期限を要した」という（以上、青柳、２０１０年、３０６頁）。

仮設住宅を「仮設バラック」と呼んでいるのは、当時の感覚なのだろう。この次に大規模な「仮設バラック」が必要とされたのは、本書７章でも述べるが第二次世界大戦敗戦後のことである。昭和二〇（一九四五）年三月一〇日の東京大空襲など、都市部がほとんど空襲に焼け出された状態で八月一五日を迎えたのだが「戦争による国力の低下は著しく、空襲で被災した住民に対し仮設バラックを供給する力は〔日本の政府には〕残されていなかった」（同書、307頁）。要するに、ほぼ自力で「仮設バラック」を建設せよという、自力更生の道を示すしか手がなかったのだ。ここにヤミ市に代表される「仮設バラック」の市街地化がなし崩し的に展開されるのである。

しかし、仮設住宅はあくまでも応急的なものでしかない。プライバシーは守られず、見ず知らずの人間と薄い壁一枚をへだてて過ごさなければならないうえ、暑さや寒さもしのげないという難点があるからだ。特に問題になったのは、「冬」だ。暖を取るどころか庶民は衣類すら自由にならなかった日本の敗戦直後、「応急越冬住宅」が問題になったのはこのような背景があるのだ。

第6章「夢のマイホーム」——昭和中期（高度経済成長期）の郊外と現在の住宅事情

社会学者が「家」について考えたりするとき、どういう傾向があるだろうか。まずは、山本理奈氏の研究では、「住宅の商品化」の流れを実証的に研究し、戦前から高度経済成長期を経て成立した住宅産業について論じている（山本、２０１４年、２２４頁）。そして家が余っていく時代に突入した現代、「血縁による世代間継承ではなく、スクラップ・ビルドでもなく、互いに縁もゆかりもない者同士が、建物を住み継ぎ、日常景観を維持していく可能性が問われている」と論じている。すなわち「都市の商品住宅は、時間の堆積性という問題軸と、都市の集住性という問題軸の交叉する場において、いま、岐路に立たされている」（以上、同前）というのだ。要するに、これまですでに古民家再生という観点が（不完全ながら）成立しているが、集合住宅はそのような「失われた習俗の地縁や血縁に基づく『時間の連続性』や『共同性』の回復を単純に目指すことではないだろう」（同書、２２２頁）としながら、「住宅の商品化を経た消費社会の〈現在〉を出発点として、都市住宅の将来の可能性はどのように分節されうるのかを、あらためて考えることが問われている」（同書、２２３頁）と述べている。スクラップ・アンド・ビルドを卒業し、「旧耐震基準」物件である築古集合住宅を維持しながら都市景観を美しくしていくというのは、わからない論点ではない。しかし、耐震強度という差し迫った問題を加味するがゆえ、あえて「解」を出さない方向に議論を進めていることがわかる。現実に、山本氏自身が「原理的に考えるならば、社会学者だけが特権的に社会に外在する超越的な視点を取ることなど、そもそも不可能である」（同書、15頁）と述べるとおり、この長大な研究書は、迷い続けながらも「商品としての住宅」を「保有する」という社会現象をたどり、いわゆるｎＬＤＫ（後述）という商品化されたかたちをあぶり出すという非常に意味ある仕事だとはいえる。

また、アンケートを実施して計量的に「住みやすさ／住みにくさ」を数値化したりする傾向もある。典型的なのは大谷信介氏の諸研究だ。ここでは、何代にもわたるゼミ生を総動員して、西宮市などを中心とした賃貸、分譲を問わず、集合住宅＝「マンション」について大規模なサーベイ調査を行い、結果報告として書籍化している。そこからは、間取りや居住者の年齢、年収、世帯人数などが明らかとなり、阪神間でも比較的豊かとされる西宮市の集合住宅居住者の実態を解明している（大谷、２０１２年）[27]。

しかし、私がいまやろうとしていることはそんなことではない。どちらかというと、人口減少時代における住宅問題という、もっと大きな枠組と未来を見据えた社会問題を考えていきたいと思うのだ。そこでいま、野澤千絵氏の論考を参照してみたい。野澤氏は人口減少時代を迎える現代の家事情、街事情を考察する社会学者だ。野澤氏はいう。「２０２５年、人口の５％を占める団塊世代が75歳以上となり、後期高齢者の割合が一気に20％近くにまで膨れ上がる」（野澤、２０１６年、７頁）という問題に触れ、「２０１３年に約８２０万戸の空き家が、10年後（２０２３年）には約１４００万戸、空き家率は21・０％に、20年後（２０３３年）には約２１５０万戸、空き家率は30・２％になると予測されており、３戸に１戸が空き家という将来が待ってい」ると語る（同書、８頁）。にもかかわらず、新築住戸はつくられ続けている。もっとも多いのは大都市部における集合住宅だが、郊外の戸建ても無視できない。

なぜ、こんなにも問題が多い住宅供給量に対して歯止めがかからないのか。「住宅の供給側である住宅・建設業界が、特に分譲タイプの戸建てやマンションを大量に建て続けている理由は、土地取得費や建設費といった初期投資が短期間で回収できるために事業性を確保しやすく、住宅を引き渡した後の維持管理の責任も購入者に移るために事業リスクが低いから」（同書、5-6頁）という売り手側の問題とともに、「住宅を購入する側も、『住宅は資産』と考える場合が多く、賃貸住宅で毎月、多額の賃料を支払うよりも、住宅ローンで購入すれば、住宅ローン減税といった優遇措置も得られるなど、様々な点で有利だと考えがち」（同書、6頁）だからだという。具体的な空き家対策をすることなく、建てるに任せ、売るに任せ、買うに任せているのが、日本の住宅事情を端的にあらわしているのだ。結果、どのようになってしまったのか。

自治体もデベロッパーも、まるで焼畑農業（伝統農法としての焼畑ではなく、収奪的に森林を焼き、無計画に開墾を繰り返す営利目的の農法）のように、既存のまちの空洞化を食い止める努力をしようとせずに、埋立地や工場跡地、農地など、少しでも開発しやすい土地や規制の緩い土地を追い求めています。地権者側も何とか土地を売りたい、活用したいと考える場合が多く、その結果、居住地の拡大が止まらないのです。（同書、10頁）

このような問題が起きる原因として、人口減少時代の日本では、「大都市郊外や地方都市では、自治体自身が、他の自治体から人口を奪ってでも、とにかく人口を増やしたいという近視眼的な観点から、開発許可基準の規制緩和を行い、無秩序に農地をつぶしながら、インフラが不十分なまま、宅地開発や住宅の〝バラ建ち〟が郊外に散らばる事態を助長しています」（同書、13-14頁）。すなわち、それまでは住宅地として考えられてこなかった農地や山林が野放図に宅地として売られはじめているのだ。

ここでちょっと考えて欲しい。かつて述べたように、多摩ニュータウン構想というものがあった。それと昨今の「焼畑的住宅開発」はどこが違うのだろうか。昭和敗戦後の日本には、戦争の痛手から住む家そのものが足りず、国民の自力による住宅購入が奨励された。昭和二二、二三（一九四七、四八）年に生まれた「団塊の世代」は、将来的に多くの住戸を必要とすることが見込まれ、地方の家では長男を除くと基本的に大都市での商工場労働者などになることが予想された。そのため、計画的につくられたのが「ニュータウン」だったのだ。当然だが、分譲以前にインフラ整備、小中学校の設立、公園の設置など、新しい街づくりは計算されたものだった。しかし、焼畑的住宅開発ではたしかに新築分譲の土地付き一戸建て住宅が手に入る代わり、この「計画」が皆無なのだ。例えば埼玉県川越市では次のようなことが起きているらしい。

郊外の農地エリアは、公共下水道が通っていない区域が多く、各敷地内の浄化槽で汚水を浄化してから、道路の側溝や農業用の水路に流すこととなります。この浄化槽は、一般的に年2回程度のメンテナンスが必要で、費用がかかります。しかし、分譲住宅の住民の中にはメンテナンスを適切に行っていない場合もあり、浄化不十分な生活排水が、側溝や農業用水路（特に取水用水路）、河川等に流入し、悪臭や水質悪化など、営農環境へ影響を与え始めたのです。

（同書、64-65頁）

かくして「新旧住民の軋轢《あつれき》が生まれ、コミュニティが崩れかかる問題も出てきた」（同書、65頁）という。すでに見た小野不由美氏著『残穢』の世界が、ここに生々しく再現されている。(28)

同じことは、大都市の「内部」でも起こっている。それがいわゆるタワマン（超高層集合住宅）だ。

不動産経済研究所の超高層マンション市場動向によれば、２０１５年以降に建設が計画されている東京都区部の超高層マンションは109棟（約5万戸）におよび、今後もつくり続けられることがわかります。ちなみに、東京都区部を除く首都圏では69棟（約2・7万戸）、近畿圏で38棟（約1・4万戸）、その他の地域では46棟（約1万戸）です。（同書、24頁）

　超高層マンションの人気が高いのは、眺望が良い、ステイタス感が高いといった点だけでなく、「コンシェルジュやスパなどのサービスが充実していてホテルライクな暮らしができる」「駅に直結している」「職場に近い」「マンション内にスーパーやクリニックが入っている」といったように、居住環境としての利便性があると考えられているからです。（同書、26頁）

人気があるのは東京湾沿岸部、すなわち港区高輪地区、港区および品川区（一部江東区）お台場近辺、そして中央区晴海地区だ。たしかに南側のバルコニーには海が広がり、東京レインボーブリッジの夜景が楽しめるなど、「眺望」だけで考えたらこれ以上いい場所はない。しかし、「数年後には、隣接する運河の反対側の倉庫群の再開発事業で新たに3棟の超高層マンションが建てられる」などといった問題は頻発しており、前にあったタワマンの「眺望」を、あとから開発されたタワマンが奪い取るという「眺望の陣取り合戦」が繰り返されているのだ（以上、同書、29頁）。

ただし、郊外の焼畑的分譲一戸建てと違うのは、タワマンの場合、インフラ整備をいまからする必要がないというところだろうか。しかし、一棟あたりで数千軒といった住民が入居することから、当然、「学校」の問題が別にあることは想定しないといけない。これが如何に大きな数字か考えてみよう。「高度経済成長期につくられた日本初の本格的ニュータウンと言われている千里《せんり》ニュータウン（大阪府）の住戸数（事業完成時）は、約4万戸（ピーク期で人口約13万人）」（同書、31頁）というから、前期の東京都区部の超高層集合住宅（タワマン）の五万戸が如何に厖大な数字かわかるだろう。しかも、このタワマン開発には、行政による計画など一切なく、それこそ野放図につくられ続けているのである。

いわゆるドーナツ化現象で、東京都中央区、港区、品川区の沿岸部は、倉庫群（あるいは築地市場など）こそあったが、住戸など減り続けていた。だから小学校や中学校も統廃合が進んでいたのだが、「中央区教育委員会の将来推計によると、豊海《とよみ》小学校では、1998年度に158人だった児童数が、2020年には721人と4・6倍に、月島第二小学校では、同じく1998年度に199人だった児童数が、2020年には618人と3・1倍にも増加するとされて」いる（同書、32頁）。プレハブ校舎の増築や、隣接した公園に運動場をつくるなど場当たり的な対応しかできない状況なのだ。

一方で、東京のごく一部や、大阪でも梅田駅直結などといったタワマンにひとが押し寄せながら、もう一方では「地方の家」が引き取り手のないままだぶついている。地方から大都市に移り住んだ、現在の七〇代の人びと（団塊の世代）にも両親がいる。その実家には、老いた「団塊の世代」の父母が住んでいたのだが、それが放置されているという現実がある。野放図に東京などにタワマンをつくりつつ、また大都市郊外に焼畑的分譲戸建てを建て続ける日本社会で、地方の古い家は住むひともなく、きちんとした相続手続きもなされぬまま、「問題先送り」状態にされているのである。要するに、相続もせず、かといって「相続放棄」すらしていないかたちが続いているのだ。

さて、このような無秩序な家づくりがなされると、どうしても法規制が必要となる。だから、国土交通省が導入しているのが「立地適正化計画」という考え方である。現在の都市計画法は昭和四三（一九六八）年、すなわち「高度経済成長期真っ只中」に制定された。その当時は住宅地を開発できる「市街化区域」と、公園など緑地を守るため都市開発できない「市街化調整区域」のふたつが制定されたが、その当時はまだどちらにも属さない「未線引き区域」が存在した。この「未線引き区域」は平成一二（二〇〇〇）年に都市計画法の改正にともない、もう線引きを行わない「非線引き区域」となった。そうでもしないと「未線引き区域」のままでは、この「区域」を「活用」して各自治体が人口導入を図ってしまうからだ（以上、野澤、2016年、164頁）。その代わり、コンパクトシティ構想がまとめられ、都心部へと住宅地を集中させるという方策がとられた。これが「立地適正化計画」であり、「市街化区域」と一部の「準工業区域」（都心部）に人口を集中させようと計画したのだ。これによって「居住誘導区域」の選定が行われるようになる。これは各自治体が議会で導入を検討し、導入するとなればどこを「居住誘導区域」とするか、「誘導」するからには人口が安定して増えるように、住居なかんずく集合住宅の高さ制限などの規制を緩和するという考え方だ。関西でいうと、大津市から、京都市を経て、明石市にいたるまでの京阪神地区の都市部は、この「居住誘導区域」のベルト地帯となっている[29]。これはある意味でおそろしい考え方だ。大都市部以外では人口減少を止められなくても仕方がない、都市部だけ人口を増加させる、あるいは横ばい状態にし、その都市部の土地の資産性を維持させるという考え方だからだ。当然、郊外の住宅地なかんずく焼畑的な住宅地は、もはや資産性など零に近くなっていくし、それを許容するのがこのコンパクトシティ構想および「立地適正化計画」の目的だといえる。

　このように考えると、不動産はそのすべてが「資産」たり得るという考え方は揺らいでくる。地方の中核都市でもその資産性は維持しがたいだろう。だから、仮に土地や建物を相続するという段になったとき、相続人は大変困ったことになるのだ。不動産だったら売って、子どもたちがお金を分ければいいではないか。そう考える向きもあろう。しかし、そんなに簡単に不動産は売れない。もちろん、東京都区部の土地なら売却の可能性もある。しかし、地方の町では、仮に駅に近い物件だったとしても、購入希望者はかなり少ない。それがもしも空き家だったら、台風などの自然災害時に隣家に迷惑をかけることすらあり得る。このような状況をどう打開すればいいのか。

こういうと、次のような反応がかえってきそうだ。なぜ「相続放棄」をしないのか――。実は、そんなに簡単に「放棄」できないのが不動産なのだ。野澤氏はこういう。「自治体といえども、空き家・跡地の売却可能性が見えない限り、税金から支出した予納金が回収できないので、買い手がつく可能性が高い空き家にしか対応が困難なのが現状」（野澤、2018年、81-82頁）なのだ。つまり、売却はおろか、逆にお金を払っても引き受け手がいない物件が、日本中にあふれているといっていいかも知れない。

そして恐ろしいことに、相続放棄は、自分だけの問題では終わらないのです。
相続放棄をした人は、「初めから相続人とならなかったもの」となります。一般的に、第1順位の相続人（被相続人の子供等）が全員、相続放棄をすると、相続権は次の第2順位の相続人（被相続人の両親等の直系尊属）に移ります。これらの第2順位の相続人が、先に亡くなっていたり、全員、相続放棄すると、その次の第3順位の相続人（被相続人の兄弟姉妹等）へと相続権が移ります。そして、第3順位の相続人が全員、相続放棄をすると、次に相続する人が誰もいない（相続人の不存在）という状態になります。
（同書、73頁）

売れもしない物件は、このように「たらい回し」になるのだが、仮に「相続放棄」を選択し、第3順位の相続人、そしてその第3順位の相続人の子どもなどもすべて「相続放棄」を選んだ場合、「空家等対策の推進に関する特別措置法」（平成二七／二〇一五年施行）によって、第1順位の相続人が空家の管理者となることが義務づけられている。そして「管理の努力義務」を負うことになるのだ（同書、72頁）。要するに、逃げたくても逃げられないのである。せめて更地にすれば、国庫への寄贈も不可能ではないかも知れないが、一軒の家を更地化するのには、安くても数百万円がかかるだろう。「そもそも相続放棄をされるような負動産は売却可能性が低いものが多いため、非常に悲しいことですが、誰かが引いてくれるのを密かに待つ『ババ抜き』のような状態になりかねない」（傍点は原文ママ。同書、75頁）。もうわかると思うが、先に紹介した、インフラ整備もままならない状態で宅地造成をしてしまった焼畑的分譲戸建ても、将来、売却すらできないだぶついていく不動産——これをあえて流行語だとはいえかなりきついことばで表現すると「負動産」といえるかも知れない——予備軍なのだ。[30]相続人たちはそのときどうすればいいのか。換金可能性の乏しい土地、建物などは自治体が税金でまかなってまで引き受けてはくれない。こういうとき、「一般的に、相続財産管理人制度の利用を検討することになる。これは「相続人が存在しているのかがわからない場合や、相続人の全員が相続放棄した場合などに、家庭裁判所が選任した相続財産管理人（一般的には弁護士や司法書士等）が、どこかにいるかもしれない相続人を捜したうえで、相続財産の管理・清算をし、最終的に余った財産があれば、国庫に帰属させる手続きを行うという制度」だ。これだってタダでできるわけではない。「申立人は家庭裁判所に納める予納金が必要であり、「一般的なケースでは、数十万～１００万円程度が必要と言われています」（以上、同書、78頁）。負動産の整理にはお金がかかり、かつうまく処理できたとしても、手続きが完了するまでは第一相続人は「管理者」として、火事が起こったり、自然災害で屋根が飛ばされて隣家を傷つけたときには補償しなければならない。[31]このような事情から、両親などが亡くなったあと、相続もせず、相続放棄もせず、放置するという状況が蔓延してしまっているのだ。

それでも「家」が都市部を中心に売られ続けるのはなぜか。それは「買うひと」がいるからだ。なぜ「買うひと」がいるのか。それは、「家」は資産であるという観念が、いまでもまだ抜きがたくあるからだろう。もちろん、昨今では郊外（しかも職場から遠く、県境をまたいだ遠いところ）に家を、というひとは少なくなっている。だから、都心の駅直結のいわゆるタワマンに人気が集中しているのだ。それが数十年後には、大規模修繕を何度かくり返し、先に表現したことばを使うと「負動産」になる可能性があることには、現状では目をつぶっている――(32)。

ここまで説明すると、次のような疑問は浮かばないだろうか。「家が資産であるという観念は、いったいいつ頃から生まれたのだろうか。そもそも、そのような観念がなければ、みな住宅ローンに苦しめられることなく、『家あまり状況』にも苦労することはなかったのではないか」と。それを知るためには、敗戦後の日本の住宅環境、住宅政策を洗わなければならない。次章では、それを明らかにしていこう。

コラム4　一〇〇年前のソウルの集中豪雨について

二〇二二年七月、韓国は記録的な集中豪雨に見舞われた。特に、ソウル特別市では「一〇〇年に一度」とさえいわれるほどの被害をもたらしたという。では、一〇〇年前にソウルには、どのような大水害があったのか、調べてみた。

平田徳太郎氏はこのときの水害について「大正四年七月二十四日、五日の漢江流域の豪雨に就て」という論文で、このことを詳細に語ってくれている。「平田は明治37年（1904）に中央気象台（気象庁）に奉職後朝鮮総督府を経て大正9年（1920）から昭和14年まで林業試験場技師として勤務し、同年名古屋高等工業学校に転勤している。さらに戦後昭21年から林業試験場の森林治水試験に関する嘱託となっており、戦前戦後の両時期に森林水文関係の多くの論文を発表している」（丸山、1987年、58頁）という経歴の人物だ。彼が朝鮮総督府に勤める前後については、より詳しい文献がある。「昭和35年7月29日午前8時20分平田博士は80才の天寿を全うして安らかに永眠された。博士は明治37年7月11日東京帝国大学理学部実験物理学科を卒業し、同年8月31日中央気象台技手に就任、初めて気象界の人となり、［明治］43年10月1日朝鮮総督府観測所技師となり、間もなく大正4年4月8日には同所長」（神保、1960年、29頁）というから、明治一三（一八八〇）年の生まれで、この大水害の直前に三五歳で朝鮮総督府の観測所の責任者となったわけだ。

このとき「此の雨は殆ど朝鮮中部の漢江の流域に限られたるものにて［、］三日間の雨量は三百五十粍［ミリメートル］に達し該流域以外には急に雨量減少せり［。］此の際に於ける仁川及京城に於ける模様を見るに［、］二十三日午後五時頃より降り始め［、］仁川にては二十四日午前十時より午後二時迄の間非常の豪雨にて其の後微雨となりて断続し［…］京城も略同様なりしが二十四日午後十一時頃より再び強雨となり就中二十五日未明に雨勢最も強く同日午前十時頃には雨全く歇みたり」（平田、1922年、585―586頁）とある。これは朝鮮半島南部一帯に「フエーン的現象の起れるを示す等圧線も亦同地附近に於て東方に張り出す傾向を示せり」、「江陵［朝鮮半島中部の東海岸の都市］附近の気温は異常に高まり［…］仁川の三〇度に対して三五・五度を示し［…］湿度四〇％」（同書、586頁）だったという。江陵《カンヌン》と仁川《インチョン》および京城《けいじょう》［現・ソウル市］は、ほとんど同緯度であり、ここにいまでいう線状降水帯が発生したといっていい。雨の最大値は「二十四日未明より降雨益々強く同日十時より午後二時迄の間には仁川にては一時間四十粍以上の強度の豪雨を見るに至れる」（同書、587頁）という量だ。一時間に四〇㎜では、現在の日本では「集中豪雨」とまではいわれないだろう。

なぜこのときの「集中豪雨」――一〇〇年前のソウルの豪雨――が取り沙汰されたのか。おそらく、二〇二二年七月に記録的な「集中豪雨」に見舞われた韓国気象庁やマスコミ各社は、過去の例をひもとき、この一九一五年の「集中豪雨」に行き着いたのではないだろうか。現在の豪雨災害ならば、一時間に八〇㎜を超える雨も存在している。しかし、下水設備が整っていない、しかも現在のように地球環境が破壊されていない時代には、これで充分に激しい雨であり、「豪雨被害」といえたのではないか。

二〇二二年九月、「集中豪雨」被害を受けて韓国政府（尹錫悦《ユン・ソンニョル》大統領）は、韓国で問題になっている「半地下」の調査に乗り出した。それは映画『パラサイト』（ポン・ジュノ監督、2019年）で予兆された被害そのものだったからだろう。

第７章　「同潤会アパートメント」から「51C型」へ、「ニュータウン」から「限界ニュータウンへ」

――「資産」幻想が生まれた都市型住宅の「履歴書」

あまり新築分譲集合住宅なかんずくタワマンや、郊外の一戸建てについて批判的なことを述べたため、こういう反応がかえってきそうだ。それでは、どこならその「負動産」にならないのか、と。一級建築士の碓井氏はこう述べる。

> マンションは、毎年４％値下がりすると書いたが、これはあくまでも一般論で、例外はある。首都圏でいえば、小田急線の南、東横線の西の三角地帯だ。
>
> このエリアは都心から近いわけでもないが、環境がよく、住宅地としての高いポテンシャルを持っている。今後の景気動向では、一時的に値段が下がるかもしれないが、いずれは上昇する力を持っていると私は考えている。というのも、このエリアは元々、きっちりとした都市計画のうえに開発されているため、住みやすいからだ。
>
> （傍点は引用者。碓井、２０１２年、85-86頁）

碓井氏はその他にも「３Ａ地区」すなわち「青山、赤坂、麻布」や、「広尾《ひろお》近辺や、渋谷区の松濤《しょうとう》、目黒区の青葉台、千代田区の番町《ばんちょう》など古くからのお屋敷町もいい」といっている。この辺のマンションなら「築20年以上経過した物件が、新築当時とほとんど同じ価格で取り引きされていることもある」（以上、同書、86頁）からだ(33)。ここにふたつのキーワードが登場する。ひとつは「きっちりとした都市計画」、もうひとつは「お屋敷町」だ。まずはこのあたりから説明してみようか。

都市計画は、すでに前章で述べたように、コンパクトシティ構想および「立地適正化計画」で語り尽くされている。もはや、大都市以外の土地の資産性は諦めてもらうというのが国土交通省の方針といってもいいすぎではない。そして、その大都市部でも東京の「三角地帯」や、「3A地区」に代表されるいわゆる「お屋敷町」だけは、資産性が維持されるどころか、その資産性が上がっているというのがいまの日本の土地および住宅の状況なのである。関西でいっても、阪神地区の人気住宅地（西宮市の夙川や芦屋市の中心部など）だけは、土地価格は高騰を続けている。それ以外が横ばい、あるいは下降しているのにもかかわらずである。

当然だが、こういうところで土地付き一戸建てを買うことは、一般サラリーマンには不可能に近い。だからタワマンが注目されるのだ。交通利便性、眺望の良さと、住戸数の多さ、便利さなど、どれをとっても「魅力」的ではある。そのうえ、場所はすでに述べたような「地価が上がっている」地域や「お屋敷町」、あるいは眺望がきわめていい東京湾岸などにあるのだ。このような状況はいったいいつつくられていったのだろうか。先に、私は高度経済成長期の話をした。しかし、その頃にはいまに続く状況がすでにつくられていた。だからもっと過去から日本の住宅について考えてみる必要があるのではないか。そこで、日本で過去にいちばん「住戸」が少なかった時代——敗戦直後へと話を戻してみる必要がある。日本は敗戦で、都市部のほとんどを焼き尽くされた。それは、米軍による空襲の結果であり、非戦闘員に対する攻撃として、残虐なものであるといわざるを得ない。もちろん、日本軍も昭和一五（一九四〇）年に重慶絨毯爆撃と称して、中国国民党の政府があった大都市を攻撃しており、その意味では日本軍も残虐な非戦闘員への攻撃をしていることは間違いない。だから、中国の大都市でも住宅不足は存在し、その原因は日本軍による無差別的な攻撃によるものである。米軍によって焼き払われた日本の大都市も同様に住宅が不足していたといっていい。これが、敗戦後の日本の現実だ。当時の日本では公的な「仮設バラック」をつくる余裕もなく、庶民に自力で「仮設バラック」をつくってもらうことに期待するしかなかった。当然、ヤミ市的仮設住宅の市街地化は避けられない。

昭和二〇（一九四五）年八月一五日、玉音放送をもって日本はポツダム宣言を受け入れを公表、連合国に無条件降伏した。そのときの総理大臣は鈴木貫太郎。海軍大将、侍従長、枢密院議長などを歴任した人物で、妻は昭和天皇の幼き日に身のまわりの世話をしていた足立たか（鈴木たか）だった。昭和天皇は戦争の幕引き役として、鈴木貫太郎に組閣命令を出した。暑い夏の始まりだった。ただし、御前会議は「空調」の効いた快適な空間で行われてはいたが。（コラム5）

敗戦が決定するや、鈴木は内閣総辞職をする。問題は、陸軍であった。陸軍内には、いまだに本土決戦をとなえ、敗戦を受け入れない将校たちも多かった。現実に、森赳《もりたけし》近衛師団長（陸軍中将）が八月一五日未明に暗殺されるなど（宮城事件）、不穏な空気は流れていた。これをどうおさえるかが、昭和天皇にとって「敗戦後の戦争」といっていい課題だったのだ。やがて、昭和天皇は決断をする。陸軍の血気盛んな若手将校をおさえられる人物として、陸軍内に絶大な人気を誇っていた皇族・東久邇宮稔彦王（陸軍大将）に組閣の大命が降りるのである。彼の組閣は八月一七日、それ以降一〇月九日まで、すなわち五四日という非常に短命な内閣であった。その使命は、敗戦の手続きを円滑にすすめ、連合国軍総司令官であるマッカーサー元帥を受け入れ（八月三〇日）、ミズーリ号上で降伏文書の調印（九月二日）など、いわば粛々とした「敗戦の消化」と、その後の日本の政治体制（幣原喜重郎内閣）までをつなぐという、中継ぎの内閣とでもいうべきものだ。(34)

そして、短命に終わるべくして終わった東久邇宮内閣をも、それを引き継ぐ幣原喜重郎内閣も、決して国民生活をないがしろにしたわけではなかった。それは、焼け出されても生き残った人びとに対する生活の保護であり、もっとも重要とされたのが「応急越冬住宅」の建設だったからだ。これは昭和二〇（一九四五）年九月四日に東久邇宮内閣による閣議決定というかたちで決められていく。正式には「罹災都市応急簡易住宅建設要綱」と呼ばれるこの決定は、全国で「簡易応急住宅」を三〇万戸建設するといったものだ。「敗戦直後の住宅不足は、全国で四百二十万戸と言われ」（鈴木、2006年、66頁）ていた。だとすれば、三〇万戸ではとうてい間に合わない。のちに述べるように、このときの「応急越冬住宅」の大きさは「六坪二合五勺」（同書、70頁）すなわち一二畳程度の狭小住宅。しかし、小野浩氏はこの閣議決定を、「戦時住宅政策を管掌した厚生省住宅課によって立案され、のちに戦災復興計画を統括する戦災復興院に引き継がれた」もので。この政策は「越冬対策としては時機を逸しており、その効果は限定的であった」が「同計画は住宅政策史上において、『戦後初めてとられた公共住宅の直接供給策』」であり、「その歴史的な意義は大きい」（小野浩、2010年、85頁）という。そしてその「応急住宅」がひととおり解決したのち、大規模なニュータウン開発などで住宅を確保するという流れができていくわけだ。この流れを、いったん関東大震災までさかのぼったうえでかいつまんで説明し、本書を終えよう。

日本の首都・東京では、敗戦前に住宅が極端に不足した時代——現在でいうところの「仮設住宅」が大量に必要となった事例——があった。それが関東大震災（大正一二／一九二三年九月一日）であった。当時は「バラック」と呼ばれていたそれらが徐々に不要になる——地主が自力で長屋などの「家」を再建したり、官公庁や大企業の社屋などが再建されていった。それが、一九二〇年代中盤、すなわち大正から昭和へと年号が代わる時代だ。現在でもそうだが、激甚災害が起きると、二度とこのようなことが起きないように、より防災面を強化した建物が奨励される。本論でも述べたように、日本初の耐震基準といえるものができたのは、このようなことを背景としている。

平成二三（二〇一一）年三月一一日、東日本大震災が起きた。これは、敗戦後の日本でもっとも激しい災害のうちのひとつに数えられる。当時はまだ旧民主党政権（平成二一年～平成二四年／二〇〇九年～二〇一二年）であったが、そのあとを襲った自公連立政権で首班となった安倍晋三総理大臣（当時）が震災後の日本の再生に向けて、「国土強靱化」ということばを使ったことは記憶に新しい。つねに、大きな災害のあとにはこの「強靱化」が叫ばれるのである。

関東大震災のあと、東京には「同潤会アパートメント」という公営の集合住宅が誕生した。「同潤会は関東大震災の直後の大正13［一九二四］年3月に被災者に安定した住宅を供給することを主な目的として世界各地からよせられた義捐金を原資に設立された財団法人であった」（佐藤ほか、1998年、1頁）。これは欧州における住宅供給の新たな流れ、すなわち「第一次世界大戦が終わり住宅不足が深刻な社会問題となる一方、芸術・デザインの分野で近代運動が勃興していた」ことから、「1910年代の後半から30年代にかけて、ヨーロッパ・アメリカを中心として近代の都市居住に関するさまざまな実践が行われてい」た（同書、4頁）ことと関わる。この流れを受けたのが、同潤会の活動だったのである。[35]

同潤会というと、「アパートメント（集合住宅）」というイメージが強いが、その住宅建設は「大きく3つに分類できる。／まず第一は、設立から大正14［一九二五］年にかけて行われた木造の長屋建住宅である普通住宅の団地建設」、「第二は、被災地を始め、郊外部にも展開した中層のアパートメントによる住宅団地の建設」、「第三は、震災復興期以降の一戸建の分譲住宅の建設である」（同書、13頁）。[36]

被災状況がもっともひどかった東京市内や横浜市内に、一般住民向け鉄筋コンクリート造の集合住宅が誕生した瞬間である。「同潤会は、一二四（大正一三）年に関東大震災の義援金を元に、当時の内務省が設立した財団」（朝日新聞「わが家のミカタ」取材班、2009年、205頁）だった。例えば、「同潤会代官山アパートメント」は、現在の渋谷区にあたる代官山一帯につくられたコンクリート造の集合住宅群だった。また、「同潤会大塚女子アパートメント」は入居者を女性に限定するという女性のプライバシーを保護するという考えを打ち出した画期的な集合住宅でもあった。また、都市計画も行われており「猿江共同住宅」の場合、「わが国最初のスラムクリアランス」（佐藤ほか、1998年、66頁）を行っており「同潤会による猿江裏町の改良事業は、スラム地区を改善しただけでなく、周囲のまちづくりを進める上でも」（同書、75頁）貢献している。

この「同潤会」の運営する集合住宅はすべて賃貸用であった。東京や大阪などの大都会を除くと欧風建築が決して多くなかったこの時代、基礎工事を行って、その上に大きな建造物が建ち並ぶ威容は、もしもまた震災が起きたとしても、ここだけは倒壊をまぬがれるのではないかという幻想を庶民に与えるのに充分だった。(37)「入居希望者がアパートメントに入居するためには、まず同潤会の『貸付掛』で借家申込書を書いて申請する」のだが、ここには「入居希望アパート名のほか、家族の氏名年齢や同居人のこと」、「希望の階数や間取り、希望家賃額を書く欄もあり、保証人を一人用意することになっていた」（同書、159-160頁）。「代官山アパートメント」は「昭和2〔一九二七〕年4月5日」に入居が開始され、「申込倍率は9・3倍だった」（同書、162頁）というから、かなりの人気だ。

この集合住宅に、西山夘三というきわめて有名な建築家が入居していた時期がある。彼はこの「家」について、次のように述べている。

戦争〔第二次世界大戦〕がはじまってから次第にひどくなってきた大都市や軍需工業地帯の住宅難に対処するため、昭和十六年（一九四一）に住宅営団ができることになった。召集解除後に大学へ帰り、その年の四月に講師になった私に、営団の研究部に来ないかという話がでてきた。（中略）関東大震災のあと住宅政策推進の中心になっていた財団法人同潤会が、中之郷・柳島につづいて昭和二年（一九二七）に青山アパートなどと共にたてた本格的鉄筋アパートの一つ、渋谷・代官山アパートだった。住宅営団は同潤会を吸収して動き出していたので、丁度空き家になったのをうまくまわしてくれたのである。

（西山、1965年、136頁）

この「同潤会代官山アパートメント」にエレベーターはなく、四階まで階段で上がる仕組みになっている。各階で二部屋が向き合っていて、合計八部屋がその階段を使っていた。このような階段が、各棟に複数あったわけだ。西山ら新婚夫婦が入った部屋は「六帖四帖半という当時の『国民住宅』標準からいっても最低の極小住宅だが、二人ぐらしの家族構成にピッタリとした家」で、「家賃はたしか十六円くらい」だった。彼の月給は「一躍二百円になったのだから、収入の八パーセントにしかすぎない家賃はいかにもありがたかった」（同書、136-137頁）という。住宅営団は「戦時下の労働者向け住宅供給を担う」（佐藤ほか、1998年、166頁）部局で、その後、朝鮮、台湾、満州など、日本の支配地域へと拡げていくのだが、それはさておこう。ちなみに、西山が住宅営団に就職したあと、「戦争中の一九四一〔昭和一六〕年に不足する住宅を確保するために借地、借家法が生まれ、悪徳な家主を取り締まるために家賃の制限をして、借りている人の権利を強くし追い出されないようにした」（宮脇、1998年、57頁）。

さて「代官山アパートメント」は、江戸時代の裏長屋のような「食事室と寝室が未分化」の部屋とは違い、二部屋に分かれていることで『食寝分離』〔食事する部屋と寝室を分けること〕がしやすい型である。しかも炊事場は南向きである」。そのうえ「バルコンもまた日当りがよく」快適だったようだ（西山、1965年、138頁）。ただし、部屋は均一ではなくいくつか種類があり、「六帖＋四帖半、八帖＋三帖が主で、若干六＋四半＋四半、八＋四半＋三といった三室住戸もあり、総計三十八棟二百九十八戸、敷地面積四千八百余坪の団地」だった。おそらく一〇〇〇名前後が暮らしていたのであろう。敷地内には「食堂、店舗、浴場等があり、木立ちの間に子供のあそび場のようなものがあった」（同書、137頁）。部屋に内風呂がないため、銭湯のようなものがつくられ、単身者を想定してか食堂まであったことがわかる。おそらく、「団地」内のコミュニティ（親隣会）がひとつの完結したものとなっており、その外にある従来のコミュニティとは距離があったのではないかと想像できる。これは、本書でくり返し述べてきたことと一致する。また、西山は触れていないが「同潤会代官山アパートメント」には「幼稚園」まであったようで、「居住者には、『託児』の要求が強く、29号館の食堂の2階にあった娯楽室を、昼間幼稚園として使っていた」（佐藤ほか、1998年、164頁）らしい。

西山は日本で最初に「動線」という考え方を導入し、関西でサーベイ調査を行った人物だった。[38] 彼が京都大学在学中（昭和一一〔一九三六〕年）に住んでいた「下宿」は「独身者アパート」であったが、部屋数はひとつしかなく、当然炊事場もない。要するに、江戸時代の裏長屋と同じで、「食事室」と「寝室」がいっしょになっている状態だ。彼が主張した、これらをきっちりと分けるという「食寝分離」とはほど遠い。建物の真ん中に廊下がまっすぐにのび、その両脇に「ドア」があって、各部屋のプライバシーが確保されていた。「ふすま」だけで仕切られていた、それ以前の「下宿」とは微妙だが違う。これを彼は「けだし日本的『アパート』である」という（以上、西山、1965年、94頁）。「同潤会アパートメント」はこれとは劃然とした違いがあるのである。ちなみに、大阪には「同潤会アパートメント」は存在しないが、同潤会の影響もあり、同じように鉄筋コンクリート造の集合住宅ができた。そのうち、大阪市都島区にあるトヨクニハウスは現存している（大月、2003年、8-10頁）。

時は流れる。戦下の「同潤会アパートメント」にはもともと「親隣会」というものがあったのだが、昭和一八（一九四三）年に「［同潤会代官山］アパート全体が4つの『群』と20の『組』に分けられるようになっていた」が、この「組」とは「戦時体制下の『隣組』のこと」だという（佐藤ほか、1998年、166頁）。空襲が度重なった戦時中（東京大空襲は昭和二〇／一九四五年三月一〇日）、そして敗戦後の「同潤会アパートメント」はどうなったのだろうか。のちに日本社会党委員長となり、昭和三五（一九六〇）年に高校生の少年・山口二矢《おとや》に暗殺される運命にある労働運動家・浅沼稲次郎《いねじろう》がこの「同潤会江戸川アパートメント」に暮らしていた。[39] 沢木耕太郎氏は、『テロルの決算』でこの事件を掘り下げ、浅沼の評伝的な記述もしている。そこから引用してみよう。

> 昭和二十年三月の大空襲で、深川をはじめとする下町は壊滅的な被害をこうむった。彼の住む同潤会アパートも大半が焼けた。安否を心配して白河町へ向かった浅沼の妹夫婦は、その途中で無数の死体を目撃して、兄もまた助からなかっただろうと諦《あきら》めかけたほどだった。だが、浅沼は、彼自身の言葉によれば「からくも生き残った」のである。
>
> コンクリート製の絶対に燃えないといわれていたアパートは、各棟、各階から次々と火を吹き出した。窓を開け逃げまどう者の多かった中で、浅沼の一家は部屋に閉じこもり、窓を閉め水に濡らした布団などで飛火よけのバリケードを作って、じっと耐えた。死ぬなら、ここでみんな一緒に死ねばいい、という開き直りもあった。結局この対応の仕方が幸いしたのだった。

八月十五日の放送は、焼け残ったその部屋で聞いた。一時の虚脱状態のあとで、浅沼は心から生きていてよかったと思い、これからは余禄の命だと思う。

（沢木、２００４年、３３７頁）

たしかに「同潤会アパートメント」は、震災や火災に強いといわれていた。しかし、駆体は燃えずとも、火が部屋のなかにはいってきたらひとたまりもない。思えば、浅沼の防災意識はかなり高かったのだろう。彼が早稲田大学を卒業したのは大正一二（一九二三）年、すなわち関東大震災の年であった。そして、そのまま東京で労働運動に投身していたのだが、彼自身が関東大震災を経験していたということが、適切な判断――「窓を閉め窓に水に濡らした布団などで飛び火よけのバリケードを作って、じっと耐えた」、すなわち部屋内部に火が入らなければ木造家屋にはできない「防火」が可能だというとっさの判断――をくだすことができた要因だともいえよう。「同潤会アパートメント」の時代の耐震基準は現在より甘く、「地震」に対してはまだまだ不十分だったが、少なくとも当時の水準で考えると「防火」の面ではかなり評価できるものであったといえよう。

そして、先の西山夘三の引用にあるように、昭和一六（一九四一）年に「住宅営団」に吸収されるかたちで解体された同潤会も、「敗戦後、住宅営団は戦争協力団体ということで、昭和21〔一九四六〕年12月23日、GHQに解散させられた」（佐藤ほか、１９９８年、１７１頁）。そして「同潤会アパートメント」は、敗戦後、居住者へ払い下げられたため、「区分所有の元祖」というべき存在になっていくのだ。ここには紆余曲折があるのだが、あえて単純化すると、昭和二五（一九五〇）年に土地と建物が都営化され、分譲がはじまる。「6年月賦の終わる、昭和32〔一九五七〕年」（同書、１９７頁）とあるから、昭和二六〔一九五一〕年までには分譲がはじまり、六年間で支払いが終わっていることになる。このとき、多くの住戸は「本格的に増築が開始され」たという。これらは「区分所有法〔建物の区分所有等に関する法律、昭和三八／一九六三年施行〕以前に分譲されたため、同法の適応を受けておらず、増築にかかわる一律的な規制はなかった」（同書、196頁）[40]。もちろん、払い下げた側も、払い下げを受けた側も、日本における集合住宅の区分所有の元祖であるという自覚のないままであっただろう。ただし、これにはひとつだけ例外があった。それが先にも触れた「同潤会大塚女子アパートメント」（昭和五／一九三〇年）だ。

ここは完全な女子寮であり、「男子は一階ホールまでしか入れないのである。アパートに住む女事務員、女店員、タイピスト、婦人記者、女医、女教師といった第一線の職業婦人」が入居していた（橋本ほか、2003年、148-149頁）。「5階建（地下1階）1棟、住居戸数は158戸という規模」で、「入居するための資格審査は厳しいもの」でエレベーターまであったという（有限会社ユナイテッドデザイン編、2001年、215頁）。ここで暮らしたことのあるシャンソン歌手の戸川昌子氏は、江戸川乱歩賞受賞作である『大いなる幻影』で次のように述べる。

でも、今日で、この建物移動工事も峠を越すはずである。あと三十分もすれば、いよいよ建物の移動が始まり、このままそっくり四メートル、私達住人を中に入れたまま動かしてくれるのである。そのために三カ月も前から、アパートの下の土をそっくり掘ってレールを組み、これから何人もの人間が建物の下へ入り、全部の力を集結して五十台の油圧ジャッキを動かそうというのである。

（戸川、1998年、22頁）

この「同潤会大塚女子アパートメント」は、「独身女性、しかも働く女性向けのアパートメント」（有限会社ユナイテッドデザイン編、2001年、215頁）で、「エリート女性の住むアパート」（川口、2010年、148頁）といわれていたようだ。それから三〇年後の昭和三二（一九五七）年に春日通りの拡張に際して、「移動工事（曳家）」がされたという。住まう独身の女性たちも高齢化しており、その決して若くはない女性たちの起こす「事件」をいきいきと描いたのが、戸川氏の手柄だといえよう。そしてこの建物だけは「分譲」されなかった。

アパート分譲の話が出たときに、買いたい人と買いたくない人に分かれた。いままでは一定の条件を満たした女性専用のアパートだったが、分譲されればどういう人が入居してくるか分からない。男性が入ってくることもあり得る。共同浴場やトイレなどの共有スペースがどうなるかという不安もある。仕事をもつ女性が安心して住める住宅を守りたいという意識が、東京都が提示した払い下げを拒否させた。その結果、大塚女子アパートは都営住宅として存続することになったのである。

（川口、2010年、147-148頁）

ただし、「入居の条件が『低所得』になった」（同書、148頁）ため、ずいぶん雰囲気は変わったようだが。そして、それ以外の「同潤会アパートメント」は、戦災も乗り越え、「分譲」されていくのである。

さて、このように集合住宅を分譲できる法的根拠と前例がそろった。そして、経済復興をとげた高度経済成長期である昭和四〇年代（一九六〇年代後半）には、多くの分譲集合住宅がつくられていく。それは、すでに述べたように、大都市への人口流入を見越して行政がつくりあげた「ニュータウン」における分譲「団地」であり、分譲住宅であった。これらができるためには、敗戦前の西川らによる「動線」という概念の導入、「同潤会アパートメント」の実験、区分所有法の成立などが必要だったのである。しかし、まだ足りない部分がある。それは、同潤会で不十分ながら展開されてきた区分所有の「部屋」の間取りの、より確実なモデルの提示である。それが「51Ｃ型」と呼ばれるものだ。これについては、説明が必要だろう。

実は昭和一六（一九四一）年の改正借地借家法で、借りる側の権利を強くしようとしたのだが、蓋を開けてみると逆効果になってしまったと、宮脇檀氏は語る。「地主たちは自衛上借地権を土地を買うと同じぐらい高くする。そのために安い借家が建設、維持できなくなってしまい、日本の民間借家産業は消滅してしまうのです。これが戦後世の中から借家がなくなった理由の一つです」（宮脇、１９９８年、57頁）。それに対して「アメリカはＧＩ法という法律を発効させ、［戦争から］帰ってきた若者たちを学校に行かせ、受けられなかった高等教育を受けさせる。安い金を貸し付けて新しい家庭をつくろうというＧＩの家をつくってやるということをたし、「戦勝国イギリスではロンドンを中心に相当破壊されて」いたため、「戦後すぐ公営住宅法とＧＬＣなどという公営住宅建設のための組織を作ります」（同書、60頁）。「こうした方向は敗戦国であったドイツでもイタリアでも同じでした。皆、国が率先して公営住宅を供給します。そのために、アメリカやあちこちから借金をして家をつくりました」が、日本では「同じ借金を全部九州の鉄鋼と石炭に投入してしまった」ため、「国家には家を建てる金はなくなりました。そこで考えたのが持家方式、自家建設方式です」（以上、同書、61頁）。日本は昭和二五（一九五〇）年に「［住宅］金融公庫を作って金を融資するだけで、それ以外は何もしません。やっと一九五五［昭和三〇］年七月に日本住宅公団を設立しますが、その供給する住宅の数はまだ雀の涙でした」（同書、63頁）。

宮脇氏の議論は、多少単純すぎる嫌いがある。たしかに敗戦後の日本が、傾斜生産方式で「その為には炭坑労務者住宅を重点的に建設するという政策」（鈴木、２００６年、70頁）をとったのは事実だ。しかし、国民の数も多く、また都会の破壊の度合いが尋常ではなかった日本で、金も物もなかった時代に、まず都市での住宅を全面的に確保する選択をできたかどうかあやしいではないか。敗戦後の住宅政策に大きく貢献した鈴木成文氏は次のように語る。

小林一三氏の公職追放のあとを受けて戦災復興院の第二代総裁になった阿部美樹志氏は、若い頃アメリカに留学して鉄筋コンクリート構造の技術を修め、イリノイ大学で学位を得ている学者であり技術者で、帰国後は国鉄畑で働いた人です。初代［総裁］小林［一三］氏が民間事業家の資質を色濃く持っていたとすれば、阿部氏は堅実なお役人タイプでありしかも大きな視野をもった人格者であったと言われます。就任のその年、［一九］四六［昭和二一］年暮に突如「住宅営団」が閉鎖させられ苦労の船出であったのですが、彼は住宅建設について一つの信念を持っていました。

六坪二合五勺の「応急越冬住宅」はこの年度には八坪の「復興住宅」となりましたが、貧弱なバラック建築であることに変りはありません。屋根は瓦でなくルーフィングと称する防水紙でしたし、畳も間に合わず二室のうちの一室は荒床のまま、ゴザなどを敷いて住んでいました。

（鈴木、２００６年、70頁）

かくして阿部総裁は「強い決意で、住宅不燃化の構想を打ち出した」。それは「将来の都市の資産となるような、恒久的な住宅でなければならない」と「鉄筋コンクリート（ＲＣ）造、積層のアパートを造ろうと発意した」（同書、72頁）。「同潤会アパートメント」はその手本ともなり、そして「高松宮家から下賜され」た高輪の地に「先ず試験的に四階建て二棟の集合住宅が建設されたのが戦後初の『高輪アパート』」だった（同書、74–75頁）。当然、分譲目的ではなく「一九四七〔昭和二二〕年度に二棟四八戸、翌四八〔昭和二三〕年度には七棟が加えられ」た。「その住戸平面は当時の日本住宅の常識にほぼ従って八畳・六畳の続き間、即ち『座敷と茶の間と台所』という構成」（同書、77頁）だったというから、「応急越冬住宅」よりだいぶマシになっている。

このあと、戦災復興院は昭和二三（一九四八）年一月に「建設院」となり、さらに「その年の夏〔七月一〇日〕、内務省の解体の結果『建設省』」が発足した（同書、78頁）。現在は国土交通省に吸収されてはいるが、当時は独立した省庁を発足させる必要があるほど、道路や鉄道はもちろん、「住宅建設」も重視されていたことがわかるではないか。建設省は鉄筋コンクリート造の「復興住宅」は全国展開されるのだが、「〔一九〕四九〔昭和二四〕年度には四九A、四九B、四九Cの三つのプランが標準設計として作られ」た。「A型は八畳・六畳・台所、B型は六畳・六畳・台所、C型は六畳・四畳半・台所の構成で、何れも畳の続き間」（同書、80頁）だった。これが昭和二六（一九五一）年度にあらためられていく際、東大助教授だった吉武泰水《やすみ》と、助手の郭茂林、(41) そして当時まだ講師だった鈴木成文氏が大きく関与することになる。

間取りなどは、「同潤会アパートメント」や「49型」の延長線上にあるが、この「51型」特に吉武泰水助教授のグループが中心となった「51C型」（六畳・四畳半・台所・便所・物置・バルコニー）は、その狭小さからも分かるとおり多くの庶民に住宅を供給する主なモデルとなる。そして、「49型」と「51C型」の最大の違いは「居住性」だ。「バルコニー、便所、物置など、生活を支えるサービス的部分の充実とその扱い」（同書、113頁）であり、これは西山夘三が戦前に行った「住み方調査」を最大限活用しているのである。

一、普通の家族構成では（居住期間を考え合わせると）少なくも二寝室必要で、C型でも二寝室とるべきであろう。

二つの寝室のうち一つは「基本寝室」（夫婦寝室）として初めから設計することが望ましく、両者の隔離に注意したい。

二、これまでの住居は結局一室的で、間仕切も不完全である。家族人数や家族構成によって居住部分をどう区切るかの要求は異なるが、子どものある家庭では、少なくも家族全員がくつろげるほどの広さをもつ部分と、勉強、読書、仕事（家事を含む）などが出来る部分をもつことが必要であろう。（中略）

三、「食寝分離」は小住宅では「就寝分離」を犠牲にすることになりやすい。少なくも朝食の分離が出来るよう台所を広めにとることがよいと思われる。

（鈴木、２００６年、１１４-１１５頁）

バルコニーがあり、トイレがあり（吉武は洋式便器を主張。同書、１１３頁）、物置があり、「寝室分解」（家族が増えることで、食事をとる部屋が確保できなくなり、結果的に「食寝未分離」へと逆行すること）の要因を最小限にとどめるため、台所で朝食がとれる程度の広さを確保――。バルコニーやトイレ、物置は「同潤会アパートメント」にはなく、「高輪アパート」や「49型」でもまだ未発達だった点だ。そして、広めの台所＝ダイニングキッチンに近いものが構想されているのが、いかに画期的だったかわかるだろう。

さて、ここに「ダイニングキッチン（ＤＫ）」が登場してしまった。これについて、のちに見るように、上野千鶴子氏は鈴木氏にかみついてしまう。それは、「51Ｃ型」が高度経済成長以降にハウスメーカーなどが住宅なかんずく集合住宅で用いている「２ＬＤＫ」や「３ＬＤＫ」のような「ｎＬＤＫ」という部屋のかたちの元祖にあたるという主張だ。吉武・郭・鈴木らが苦心惨憺してつくりあげた敗戦後の庶民のための住宅モデル「51C型」は、あくまでも「戦後住居史の単なる一コマでなく、現代にまで何らかの影響を及ぼしていてそれは乗り越えるべき対象だという観念」（同書、50頁）とされてしまったのだ。たしかに、ダイニングキッチンの萌芽のようなものが考案されているし、部屋数がふたつという基準ができているので、いまでいうところの「2DK」の元祖に見えなくもない。しかし、これはいくらなんでも単純すぎる見方だ。

鈴木氏はいう。「51Cにおける『食事のできる台所』は、後に『ダイニングキッチン』と呼ばれ、五年後に設立された住宅公団にも引き継がれ、また民間の住宅や農村の住宅にまで普及した」。しかし「台所で食事をするという生活は、私たち［吉武・郭・鈴木のグループ］が勝手に考え出したことではない。一般の長屋や農家でも行なわれていたし、私たちの調査でも一割ほどの世帯で見られた」（以上、鈴木ほか、2004年、23頁）。つまり、調査の結果、一割ほどの家庭で実践されている「よい例」があったため、これを「51C型」に取り入れたということなのだ。

たかだが三五平米の住宅で生活をすべて機能別に分けるといったことは考えられない。生活をいかに重ね合わせるか、重合させるかが重要な問題となる。そこで炊事と食事を重ね、台所と南の部屋は襖で開放的につなげている。この重ね合わせを考えた中で、北側の一部屋だけははっきりと仕切ったのである。「分離」と「重合」、これが「51C」の設計における一番の眼目であった。

（鈴木ほか、2004年、24頁）

俗に「似て非なるもの」ということばがあるが、「51C型」の切実かつ先進的な、しかも調査にもとづいた設計を、ハウスメーカーによる「nLDK」と同一視されたら、それは開発者としては納得がいく話ではない。住居そのものが不足していたがため、近代的な都市生活の「資源」ともなりうる新しい集合住宅とその住戸モデルを命がけで手がけた敗戦後の戦災復興院＝建設省の思惑は、たしかに狭いが、それでも敗戦前の生活より改善された「近代生活実践の場」だったのだ。しかし、このモデルに部屋数を足しただけ（その分広くなるが）のものが、住宅を専門的に商品化するハウスメーカーによって量産され、不動産市場に流れ込む。

やがて、公共だけではなく民間も住宅供給に参入してきた。民間は賃貸住宅ではなく、建売住宅や分譲マンションをつくるわけで、とにかく売れればよいとして需要者に媚び、部屋数が多い方が好まれると、部屋の使い方や生活を考えずに部屋数ばかり多いプランが横行した。これは戸建て住宅でも同様で、二階に個室が数多くある。建設界ではこれを揶揄して「ｎＬＤＫ」という言葉も生まれた。私たちはｎＬＤＫを非難したのだが、住宅メーカーの力は強く、なかなかそこから抜け出せないでいるのであった。

（傍点は引用者。鈴木ほか、２００４年、26頁）

どうだろうか。野放図に部屋数を増やして販売するハウスメーカー、これは先の引用で宮脇檀氏が主張していた「持家方式、自家建設方式」という政策に合致してしまう。さらには、高度経済成長期の波に乗り、郊外のニュータウンが自治体などで計画的につくられ、戸建て、集合住宅を問わず、「ｎＬＤＫ」がまるで常識のように流通してしまうのである。もうわかると思うが、その「ｎＬＤＫモデル」は吉武・郭・鈴木グループによって考案されたものでもなければ、その延長線上にあるものでもない。「さらなる調査と、さらなる近代的都市生活に合致したモデル」を構築することを放棄し、単に「51C型」もどきに部屋数を増やしただけの無責任なものでしかないではないか。

しかし、上野千鶴子氏はこういう。「〔平成一六〕二〇〇四年現在、任意の住宅のチラシ広告に掲げられているプランを見てみると、サイズが大きくても小さくても、仕様がゴージャスでも質素であっても、基本的なnLDKのプランはほとんど変わりがない。nLDKというモデルは、誕生してから半世紀たった今も、まだ耐用年数が尽きていない、驚くべき長命なモデルである」（同書、52頁）と。要するに、上野氏は「51C型」が「nLDK」と同一であると断じてしまっているのである。こんなふたりがシンポジウムを開いても、話がかみあうはずもなく、「nLDKが批判の対象であるという点は鈴木さんと共闘できるとして、だれが悪かったのかということです。こんな安易なモデルをつくり続けてきたゼネコンとディベロッパーが悪いのでしょうか」、「こんなに安直なモデルを供給されるのに従って、黙って買い続けた消費者がバカだったのでしょうか」（同書、98頁）。実にイライラさせられる議論だ。悪者探しをしても仕方がない。

これは上野氏に限らず、社会学者の一部に散見されることなのだが、何かの社会的現象を発見し、その問題点をあぶり出すのはいい。しかし問題は、何かあるいは誰かをやり玉にあげることで「議論」が成立しているとでもいわんばかりの言動が、結果的に善意の先人を攻撃していることに気がついていない（あるいは意図的に傷つけている）ことだ。上野氏の「消費者がバカだったのでしょうか」というい方は、実に嫌味で、品位すら感じられない。「家族するふり、セックスしているふりはもういい。家族が家族をしている理由はそれぞれにあるのだから、自分たちの現実をありのままに認め、それに合う空間を考えていったらいいのではないかということです」（同書、100頁）と、明らかに逸脱した発言をしている。シンポジウム会場で思わず口が滑ることはある、しかし活字にする際にこれらが堂々と印刷されているところを見ると、上野氏には自分がいっていることが「正論だ」という意識がはっきりと見てとれる。

しかし、少し考えてみればわかるとおり、上野氏の議論は「家族とは何か」という社会学的な問いであり、鈴木氏のような建築家の調査にもとづいた住宅開発とはまったく異なる議論ではないか。あえて建築家というエンジニアに畑違いの社会学的問いを投げかけ、自分の土俵である社会学の分野へと引きずり込み、「答えてみろ」といっているようにも読み取れる。やはり、気分のいい議論ではない。鈴木氏が、先に引用した『五一C白書』という著書を書いたのは、このシンポジウムの二年後のことだ。いや、シンポジウムで不本意な叩かれ方をした鈴木氏は、「51C型」に対するきちんとした系統だった理論を出さざるを得なくなったといった方がいい。鈴木氏は上野氏に「nLDK」をつくりだした「戦犯」のようにいわれ、やっつけられてしまったからだ。私のような門外漢の若輩者がこういうのもなんだが、敗戦後の建築なかんずく住宅改良を先頭に立って行ってきた功労者たる鈴木成文氏に対し、上野氏の議論はあまりにも失礼だ。そして、これも私が述べるのはかえって失礼だと思いつつも、やはり鈴木氏がお可哀想だとしか思えない。

さて、いよいよ本書を閉じるときが来た。このように、「51C型」という当時にしては画期的であり、敗戦後の金も物も「家」もなかった日本社会に一筋の光明を照らしたモデルは、やがてハウスメーカーによって「nLDK」というものへと「変更」される。それは、大量生産によって安く住宅を販売するためでもあっただろう。なにしろ、都市の住宅はほんとうに不足していたがゆえ、「持家方式、自家建設方式」へと舵が切られたことや、高度経済成長によって都市住民が増えることが予想され、自治体によって「ニュータウン」や「集合住宅（団地）」[42]がつくられていったことと一致する。6章で述べたように、計画的だった「ニュータウン」と違い、その後の民間による住宅開発は、さまざまな問題を生んだ。それが現在では、「焼畑的」と揶揄される地方での住宅開発であり、タワマンの問題であったりするわけだ。しかし、この「ニュータウン」の時代から、「焼畑的・タワマン的時代」の間に、なにがあったのかは述べておく必要がある。

関東における住宅開発に関して、三浦展氏は敗戦前から昭和三〇年代末（一九六〇年代半ば）まで、丹念に調べている。それらはおおむね田園調布のような「成功した住宅地」ではなく、むしろ失敗例に属するものだ。例えば、顧客に実際の分譲地から駅までの所要時間などを偽って広告し、強引に誘うという悪質なやり口が横行していた。これは当時も問題となり、「昭和41年（１９６６年）４月30日には建設省、公正取引委員会、１都３県［東京都、神奈川県、埼玉県、千葉県］による宅地分譲抜き打ち調査が行われた」（三浦、２０２２年、26頁）と、誇大広告と強引な販売が問題となっていたことがわかる。三浦氏の研究では、昭和四九（一九七四）年に「花園土地」なる不動産業者が、「春日部市の土地を売り出したが、同市の上空で撮った航空写真を千葉県船橋市の売り出し土地に転用。また実際は総武線西船橋駅から50キロもある分譲住宅を『西船グリーンタウン。病院、学校、商店街に１００メートル』というキャッチフレーズで折込広告をつくり、配布した」（同書、24-25頁）とあり、「この種の悪徳業者は常にモグラたたきのモグラのように、無数に存在していたのだろう」（同書、25頁）と述べている。

当時は、「多摩ニュータウン」など公共事業としてのニュータウン開発が進行している時代だったが、すでに述べたように入居希望倍率も高かった。結果、このような民間による「ニュータウン」開発が、「持家方式、自家建設方式」という政策と、民間金融機関による住宅ローンの本格的な商品化（昭和三〇年代前半／一九六〇年代以降）、そして高度経済成長という波に乗って、次々とつくられていったのである。そもそもが「だます」目的だった右記のような例は、決して珍しいものではなかった。いや、それどころか「バブル経済（昭和末期～平成初期／一九八〇年代後半）」では、むしろ「日本の土地は資産性が高い」という「神話」から、そのような民間開発の「ニュータウン」はむしろ売れていった。そのなかには、駅からの距離や生活の便利さなど、決して実情にそぐわないものも多く、販売当初は土地と家屋（注文住宅の場合も多い）をあわせて数千万円という金額で取り引きされたものの、現在では生活そのものが不便なため、資産性は大いに下がっているという例は珍しくない。

西脇和彦氏は、このような「ニュータウン」について、新聞記事を丹念にひろいあつめた研究をしている。西脇氏によれば、一九六〇（昭和三五）年当時「団地っ子は、元祖消費族で、文字から理解するタイプであった。（中略）先生仲間では団地族の児童が多くいる新設校が勤務先として人気があった」（西脇、2013年、5頁）と体験談から語り、「郊外のアパート団地や住宅は、庶民レベルでの近代化、実質的近代化が先駆的に展開した空間であった」（同書、6頁）。「団地族の生活実態として、一般世帯よりも、エンゲル係数が低めであること、パン食の普及率が高いこと、高級衣料の消費が多いこと、耐久消費財の普及率が高いこと、主婦の家事労働を軽減化し余暇時間が増大すること、生活の洋式化が促進されること」（同書、7頁）などの利点がある「新中産層」であったと述べる。しかし、徐々にニーズが多様化し、昭和四五（一九七〇）年から昭和四八（一九七三）年には「あこがれの郊外住宅地といっても、都心から遠距離になるにつれ不人気さが増すこと、戸建てよりもマンションに人気があること」（同書、54頁）によって、いわゆる「ニュータウン」の人気は下がっていく「転換期」であったという。[43]

このように、明らかに実情とは違う販売文句を信じた人びとが入居した「ニュータウン」が生活の不便なところは入居者が鈍りはじめ、都会の「集合住宅（マンション）」と競合しはじめる。「団地」も耐震基準の見直しを経て、入居者が高齢化していくのである。また高度経済成長がいったん終息する昭和五〇（一九七五）年前後から、昭和六〇（一九八五）年前後の「バブル経済」には、「マイホーム」を求めて民間開発により都心からかなり遠い場所にある「ニュータウン」が開発されてしまう。なぜなら、首都圏であれ関西圏であれ都心部は地価が高すぎるため、充分な敷地面積を求めてそれに飛びつく「新中産層」もいたのである。「土地」は「資産」であるという意識が抜きがたくあるのだ。６章で紹介した「焼畑的住宅開発」とも似た側面があるが、これは「バブル経済」特有の問題だともいえよう。

しかし、時代が昭和から平成に代わる頃（一九九〇年前後）には、「バブル経済」も終息し、それらの条件の悪い「ニュータウン」のなかには、現在「限界ニュータウン」と呼ばれるものも登場してしまう。このことばは、主に高齢者が住む、都会から隔絶された社会を指す「限界集落」から派生したものだが、現実に最寄り駅からバスで数十分も離れた場所にあり、商店などもなく、開発した不動産業者が倒産して住民による「自主管理」となっていることなど、問題は山積み状態だ。「自主管理」となっている時点で、都会の管理状態の悪い老朽集合住宅を思わせるが、それが「土地付き戸建て」の集合体だけに、より根深い問題を含んでいる。

私の手元に『限界ニュータウン』という本がある。吉川祐介氏というＹｏｕＴｕｂｅｒでありブロガーである人物が、足で歩いた「ニュータウン」の記録だ。

> 今日ではとうてい宅地分譲など想像もつかないような、駅からも街からも遠く離れた、利便性とは無縁な場所の田畑や山林がつぎつぎと造成され、名目上は住宅用地として分譲されていく。また、道路用地やレジャー用地としても全国各地で土地の買収が続けられ、巨額の富を手にする地主が続出する。その後の地価下落などだれも予想できなかった時代の話である。住宅用地とはいえど、購入者の真の目的は住宅建設ではない。ありていにいってしまえば、「土地ころがし」による売却益を見込んだ投機目的の購入が大半であった。
>
> （吉川、２０２２年、22頁）

この投機的な、「貯蓄がわりに購入」したような「ニュータウン」は、「都心通勤者のベッドタウンとして利用するにはあまりに不便すぎるものであった」(同書、25頁)ため、宅地用の造成はいちおうされてはいるものの、「異常なまでの空き地の多さ」(同書、20頁)が目立っている。しかし、バブル崩壊、リーマンショックを経て、日本の「土地」は「貯蓄がわり」になるという「神話」は崩れた。少なくとも、都心部に通勤できないような「ニュータウン」には、もはや値段すらつかないものもあるのだ。「開発からおよそ半世紀が経過したいまも、多くの限界ニュータウンには、まだ一度も家屋が建てられたことのない、膨大な数の空き地がとり残されている。不在地主の多くは高齢となり、体力的にも、みずからの所有地の現況を顧みることは難しくなっている」(同書、28頁)。都心部の新築分譲集合住宅には数億円といった金額がつく現代、このような「限界ニュータウン」は「つわものどもが夢のあと」といった状況なのだ。

このように、「応急越冬住宅」の時代から、徐々に「持家方式、自家建設方式」という政策により「個々の自力で家を持つ」ことが奨励されてきた。「同潤会アパートメント」は「分譲」され、自治体など公の機関も計画的に「ニュータウン」や「団地」の建設を行ってきた。当然、それらの「家」は、「虎の子の貯金」と「月賦」や「住宅ローン」を支払って手に入れた「城」だという意識は庶民からはぬぐい去れない。よって、不動産は「支払った額に見あった資産」という考え方が抜きがたく残ってしまった。それがいまなおタワマンを筆頭とした新たな集合住宅建設の問題や、地方の焼畑的住宅開発の問題を生んでしまっているのである。

今後、コンパクトシティ構想が各地の大都市で成功すれば、タワマン人気はしばらくはもつかも知れない。しかし、焼畑的住宅開発は、昭和の民間開発「ニュータウン」よろしく、より深い傷を残していく可能性もある。しかもそのタワマンだって、大規模修繕や耐用年数が過ぎた八〇年後、一〇〇年後にどうするのかは、まったく未知数なのだ。それでも、「不動産は資産」という考え方に固執して、東京沿岸や関西などの大都市圏でタワマンはつくられ続けるのだろうか。それは私にはわからないが、少なくとも「家」が余り、「地方の実家」を相続すること自体が「経済的負担」になる時代に突入しているにもかかわらず、住宅開発が続くのはそのニーズがあるからにほかならない。投資としてのニーズなのか、住まいとしてのニーズなのかは線引きが難しいが、敗戦後の日本が積年の弊風として「持家方式、自家建設方式」を推進してきたツケが、いま重くのしかかっているのである。これが、6章で取りあげた野澤氏の疑問である、「不動産は資産である」という抜きがたい観念の正体だといえるかどうかわからないが、私なりの回答となる。本書を読んでくださったみなさんはどのように考えるだろうか。

コラム5 敗戦前の日本にも「エアコン」はあった

俗に「空調」というが、これは「空気調和」の略語である。まず、西洋における「冷房」および「空調」の歴史をひもといてみよう。冷凍技術の基礎からのぞいてみると、「1748年にスコットランドの医師であり化学者であったカレン（William Cullen）は、グラスゴー大学でエチルエーテルを容器に入れて減圧し、低温沸騰させることで周囲から気化熱を奪う過程で冷却が起こり、少量の氷ができることを公開実験で実証した。これが機械式製氷の始まりとされている」（高橋、2019年、39頁）。「実用的な製氷機は、1859年に仏国のカッレ（Ferdinand Carré）が開発したアンモニア吸収冷凍機が最初とされている。アンモニアを冷媒、水を吸収液とした吸収冷凍機」であったようだ。「日本では1878〔明治一一〕年に、神戸と横浜の外人居留地内の製氷工場にはじめて水平往復動型アンモニア圧縮機が導入され、1882〔明治一五〕年には東京築地と大阪河口の製氷工場に設備された」（以上、同書、40頁）。

右は、冷凍技術のなかでも「製氷」に関するものだ。では最初の「冷凍機」の発明はいつだったのだろうか。「1834年　イギリス在住のアメリカ人のジェイコブ・パーキンス（Jakob Perkins）が機械圧縮式冷凍機を発明」したことにはじまる。これは「エチルエーテルを使って、圧縮・膨張を繰り返すことによって、冷却作用を生み出す」装置だ。そして、この「冷凍」の技術は、どのようにして「冷房」へと進化していくのだろうか。それは、「暖房」の歴史と軌を一にしているのだ。「アメリカにおける温風暖房技術は、19世紀末にほとんど完成に近い状態に達していた。温風暖房は冬のためのものであるが、夏にこのダクトを使って室温より低い温度の空気を送風すれば室が冷却、すなわち冷房されることは誰にも考えつくことである。19世紀のなかばからこの冷房に関する種々の試みがなされた」（辻原、２０１０年、50頁）。まずは「水と氷による冷却」である。「イギリスの下院議事堂の暖房設計者のリード（D. B. Reid）は、蒸気コイルの中に井水を通して冷房を行うことを提案した」が、実施案では「氷冷房」となる。「１８８０年にはニューヨークのレノックス劇場で、井水を暖房コイルに通して館内を冷房した。これが世界における井水冷房の第１号である」。しかし、「井水」では冷却の度合いはどうしても低くなる。そこで「１８８０年にマディソンスクェアガーデンの温風暖房装置の中に氷ブロックを置き、一晩に4トンの氷を使って冷房した。１８８１年にアメリカ大統領〔ジェイムズ・ガーフィールド（James Garfield）〕が夏に病気になったため、病室の送風ダクト内に氷のブロックを入れて冷風を送風し冷房した」（大統領はこの年の九月に死去）。また、「イギリスの下院は蒸気によるカロリファイアで重力循環式の換気を行う方式で、１８９３年に通風路（ダクト）の途中に木棚を設け、盛夏にはここに氷柱を並べて、通過空気を冷却した」という。

「その後、ブロードウェー劇場（１８９２年）、スタラントン高校（１９０１年）などにも氷冷房が用いられたが、以上の方式はすべて氷ブロックを空気通路に置く方式であった。その後１９０７年以降、エアワッシャーが用いられるようになると、氷ブロックをこの内部に入れ、冷水をつくる方法が用いられ、さらに大規模設備では氷ブロックだけを置く室を設け、ここに水をスプレーしてつくった冷水を別の所にあるエアワッシャーにスプレーした。日本の国会議事堂の竣工当時（１９３６〔昭和一一〕年）の方式はこの方式である」。ただし、「氷のコストが高く、またその搬入の手間が膨大で、ほとんどのものが冷凍機による冷房に代わった」という（以上、同書、51頁）。
「冷凍機を用いる冷房方式は、イニシャルコストはやや高いが、ランニングコストの点、保守管理の点で氷冷房よりすぐれており、その結果も良好で1910年以降、この方式が定着した」。その発達はアメリカが主たる舞台となり、アルフレッド・ウォルフ（Alfred Wolf, 1859-1909）やスチュアート・クレーマー（Stuart W. Cramer, 1868-1950）らによって担われた。また、「1906年アメリカ木綿紡績総会で"Air Conditioning"（空気調和）なる言葉を初めて発表したので、クレーマーは『空気調和』の命名者ということができる」（以上、同書、52頁）。このことばが日本にわたり、略されて「エアコン」、「空調」となるわけだ。柳町政之助も『暖房と換気――温湿度調整法 後篇』（1922年）のなかで一章を割き、「エヤー、コンディショニングの応用」（第一三章）として、これを紹介している。

さて、日本でこの「空気調和の父」と呼ばれているのが、柳町政之助だ。彼は「1892年（明治25年）に生まれ、1913年（大正2年）に当時の東京高等工業学校（現在の東京工業大学）機械科を卒業、卒業後は機械類を扱う大手商社を経て、大正9年（1920年）から高砂工業（当時）に勤務した」（高橋、2019年、39頁）。年齢的には、先のコラムに登場した平田徳太郎よりひとまわり若い。彼は高砂工業で活躍する。「高砂暖房株式会社（現高砂熱学工業株式会社）と株式会社荏原製作所は、1930［昭和五］年5月に共同して国産第一号となる高砂荏原式電動遠心式冷凍機（以降、高砂荏原式ターボ冷凍機と略す）の試作機を完成させた。この高砂荏原式ターボ冷凍機は、百貨店・劇場・紡績工場等の空気調和設備に採用され、1931［昭和六］年から1941［昭和一六］年までの納入実績は104台、合計18、500日本冷凍トンと記録されている」（同書、39頁）。この「日本冷凍トン」だが「1メートルトン（1、000㎏）の0℃の水を24時間で0℃の氷にするための熱量」（同書、47頁）だという。単純計算で、一八五〇万キログラムほどの氷を一八五〇〇日かけてつくれるほどの熱量ということになる。当然、一部の施設に限定されたものではあるが、敗戦前の日本にも冷房はあったのだ。

そもそも、暖房と冷房を分けるという考え方は、きわめて教条的なものだ。暖房の技術が冷房にも生かされる――これが「空気調和」というものだ。現に、柳町政之助も大正一三（一九二四）年に『我家の煖房』という本を書いており、まずは現在でいうところのセントラルヒーティングについて啓蒙している。

柳町は「米国の空気調和の父と呼ばれたキャリア（Willis. H. Carrier）博士」の論文を読みあさり、『事務所建物のための冷凍機は遠心式だ』と直感し、キャリアの遠心式冷凍機」に眼をつけ、「国産化を目指すことになった」。「冷媒はドイツからジクロロエチレン（$C_2H_2Cl_2$）を輸入する目途が付いた。他方、回転機についてもパートナを見つける必要があり、1929〔昭和四〕年頃に新興のポンプメーカであった株式会社荏原製作所」と組み、「同社の大岩順二氏を開発担当者として国産6段のターボ型圧縮機の共同開発に取り組んだ」（以上、高橋、2019年、41頁）。その苦労のかいあって、昭和五（一九三〇）年に国産化が可能になったというわけだ。キャリアは1876年に生まれ、「カーネル大学電気工学科を卒業後、1901年にバッファロー・フォージ社に入社した。同社は、当時のアメリカの3大ファンメーカーの一つである」（辻原、2004年、53頁）というから、やはり技術畑の人材なのだ。キャリア氏は現在も活躍している空調設備会社であるキャリア・コーポレーションの生みの親となるが、「一九五〇年十月七日、七十四回の誕生日の少し前にニューヨークで不帰の客となった」（インゲルス、1990年、168頁）。ちなみに、敗戦後の昭和三二（一九五七）年にキャリア氏の評伝『空気調和の父――ウィリス・ハヴィランド・キャリア』が翻訳されている。

また、冷暖房の双方をひとつの機械でまかなうという画期的な構想もあった。それは「熱力学の体系化に貢献したロードW・T・ケルビン（本名はWilliam Thomson）は、熱機関（カルノーサイクル）とヒートポンプ（逆カルノーサイクル）が表裏一体であることを理解していた」ことから、「空気の流れを用いて建物の暖房・冷房を行う経済性」を意識していた。昭和四（一九二九）年に訪米した柳町は、キャリアに会い、遠心冷凍機をヒートポンプ機（暖房機）としての使用に有望であると回答を得、「この機械なら従来からロード・ケルビンが提唱していた冷凍機を暖房機に使う原理を実現できると考える」と確信する。そして昭和七（一九三二）年に「兵庫県御影町［現・神戸市東灘区］にあった村山長拳氏の私邸（木造和風住宅2階建230㎡）」に「冷凍機を用いた冷暖房一体機能を提言した結果、同氏のご了解を得たことで我が国最初のヒートポンプ式暖房」の設置に至る（以上、高橋、2019年、44頁）。

それだけではない。米国では「空気調和」の応用で、「汽車の冷房」にも成功していることが紹介されている。まず、「一九二九年の夏、この一連の装置［キャリア・コーポレーションのアンモニア冷凍機］が、ボルチモア・オハイオ鉄道の第五二七五号客車に取りつけられ」、「一九三〇年四月十四日、ボルチモアとカンバーランドの間で〔冷房装置付〕食堂車の試運転が行われた」（東洋キャリア工業株式会社調査室編、１９９０年、１３１頁）。そのほか、一九三〇年にＢ＆Ｏ鉄道で「7車連結の列車に、各車別に独立したる機械冷房装置を施せる、二つの冷房列車を完成し、ニューヨークとワシントン間を運輸開始し、極めて好評と好成績」をあげていることが紹介されている（最新工学普及会編、１９３２年、35頁）。ただし、冷却温度は「外温より5～10℃低いのが最も適当」（同前）とあり、また「外温35℃、車内温度26・7℃」（同書、36頁）とあるから、それほど涼しいといえるかどうかは微妙なところだ。

話を日本に戻そう。右記のような個人住宅への「空気調和」導入の成功から、「１９３７〔昭和一二〕年には、京都電燈の本社（現関西電力京都支店）の地下1階／地上8階、延べ床面積１０、６１９㎡に、高砂荏原式ターボ冷凍機」を二台設置、「ボイラや電熱ヒータを一切使用せず、世界最初で最大規模の地下水を熱源としたヒートポンプ式全館冷暖房空気調和設備が施工された」（高橋、２０１９年、45頁）。なお、「空気調和」ということばが最初に日本で使われたのは、「１９３４〔昭和九〕年11月期の高砂暖房工事の営業報告書のなかで」（同書、44頁）使われたものだったと考えられている。まだまだ試験的とはいえ、昭和初期には「冷房」は存在していたのだ。そして、大金を持つ個人邸宅や公共事業を受け持つ企業の建物に導入後、国会議事堂にも採用されている。当然、真夏の宮中（皇居）に導入されないわけはない。御前会議は、ポツダム宣言を受託するか否かを問うという深刻な話し合いにいたるまで、このような快適な環境で行われていたのである。

注

（1）ただし、例外はあるだろう。例えば六麓荘や奥池南町のような「お屋敷街」は、私のような庶民とは別格の人びとが暮らす場所だからだ。

（2）ローン残債とは、現在残っている住宅ローンの支払残高を指す。住み替えをする際に、いま住んでいる家を売って、それを元手に新たな物件を購入する。しかし、その際にローンが完済できず、残債がある状態だと、その分、次のローン支払いが難しくなるのである。

（3）芦屋市は、市政発足直前の昭和一三（一九三八）年に阪神大水害の影響をこうむり、かつ平成七（一九九五）年の阪神・淡路大震災の被害を受けている。これに関しては、4章参照。

（4）詳しくは本論で述べるが、いわゆるバブル時代（昭和末期～平成初期／一九八〇年代後半）に郊外につくられたニュータウンやリゾートマンションと呼ばれる地方観光地の集合住宅は、当時こそ数千万円で取り引きされていたが、現在では値段がつかないほど安くなっている。しかし、長野県の軽井沢のような新幹線の駅もあり比較的暮らしやすく歴史のある街では、いまもそれなりの金額で取り引きされている。こころみに、不動産情報サイトSUUMO（https://suumo.jp/koshinetsu/）を検索すると、軽井沢の中古集合住宅は築三〇年前後、二〇坪程度のものでも二〇〇〇万円前後の金額がつけられているのに対し、同じくバブル時代に繁盛していた避暑地である栃木県那須塩原市の集合住宅は、築三〇年前後、二〇坪程度で三〇〇～四〇〇万円程度しか値がつかない。ワンルームの場合は一〇万円前後で、投げ売り状態だといっていい。新潟県の越後湯沢といったスキーリゾート地でも同じような状況だ。那須塩原も越後湯沢も、新幹線の駅があるにもかかわらず、バブル時代の面影はないに等しい。ちなみに、芦屋の「田の字」では、築四〇年でも二〇坪程度の集合住宅は二〇〇〇万円以上の値がついている（2023年7月検索）。このように、不動産価格はごく一部の「人気のある地区」＝「地位が高い地区」を除くと、極端に価格が下落していることがわかる。

（5）　牛若丸と弁慶が「京の五条の橋の上」でたたかったというが、この「五条通」は現在の五条通ではなく、現在の松原通を指す。現在の五条通は豊臣秀吉によってつくられた道で、京都市中心部では例外的な道路幅を誇っている。牛若丸の時代、すなわち平安時代には鴨川に橋など架かっておらず、牛若丸と弁慶の邂逅となるたたかいは、松原通（旧・五条通）の西洞院川を渡る橋であったと、五条天神社周辺及び松原通商店街では主張している。

（6）　このような郊外におけるムラ社会と、都会生活を引きずって流入する新住民の生活仕様の差は、例えば次のように言い分けられる。「小田さんのマンションは模範的都会の集合住宅だった。／『まったく横の繋がりがないんです』／普通はいくら何でも少しは見当が付きそうなものだが、彼女はそこに引っ越して以来二年。同じ階の人とエレベーターに乗り合わせたこともなく、また誰かが出入りしているのを見かけたこともなかったという」。しかし出身地では「『実は私、実家が田舎なんで、そういう人間関係にうんざりしていたんですね』／彼女の家では最近でこそそういうことは言われなくなったが、彼女が住んでいる頃は玄関なんかに鍵を掛けておくと、／『あの家は気取ってるって言われたんです。新しい人だと人を信用しきらんやつじゃとか、地域に馴染もうとしてないとか、もういろいろ』／とにかく言ったか言わないか程度の声で『こんにちは』とさえ呟けば、堂々と居間に上がり込んでくる。良いことは野菜なんかがふんだん貰えること、困るのは見られたくないこと聞かれたくないことが筒抜けになってしまうことだという」（平山、２００６年、78-79頁）。このような状況は、ニコ・ニコルソン氏の『上京さん』でも描かれている。東北出身の彼女の実家では「家主がいなくてもみんな勝手に入ってお茶を飲んでいる／防犯も何もない鍵もかけない／というか犯罪もない」（ニコルソン、２００８年、66頁）という。この「生活仕様の違い」は、旧住民と新住民を分断する大きな要因となったのではないか。

（7）韓国映画の『도어락』（２０１８年、邦題『ドアロック』）は、非正規雇用で銀行に勤務する独身女性が、その私生活を覗かれ、怖い思いをするというホラー・サスペンスだが、犯人の男は、実はこの女性の暮らすソウル市内の巨大集合住宅（一九八〇年代末頃の建築か）の管理員であった。彼は気に入った女性を拉致しては、脚を切り落とすなどして脱出できないようにして監禁している。その場所は、居住者がいないスラム化した街の空き家や、一〇年前に廃業したホテル（男が勤務していた経歴あり）など、「犯罪を犯しやすい場」＝広い意味での「事故物件」なのである。こんなところで、いくら「살려 주세요！（助けてください！）」と叫んだところで、誰も気づいてはくれまい。犯人が狙うのは、築年数の古い集合住宅（家賃が安く、賃貸であるがゆえにまわりの人びとに無関心な生活者の多い場所）に住む単身女性なのである。要するに、狙いやすい女性を選んで犯行におよんでいるわけだ。

また、同じく韓国映画の『ＭＩＤ ＮＩＧＨＴ』（２０２１年、邦題『殺人鬼から逃げる夜』）でも、聴覚障害を持つ女性とその母親が、連続殺人犯の殺人未遂事件を目撃することから、犯人に狙われて夜中に犯人と闘いながら逃げるという話だが、この犯罪の舞台となっているのも「상월 마을（サンウォル・マウル）」という再開発予定地なのだ（ここには零細企業が櫛比《しっぴ》しており、劇中にさりげなく「再開発反対（재개발 반대）」や「移住切迫（이주임박）」「時前訪問時には相談を受けてください（시전 방문시에는 상담을 받으시기 바랍니다）」などという横断幕が見られる）。聴覚障害者を主人公としている最初の、そして現在までのところ唯一の韓国映画であり、内容的にも非常に興味深いのだが、本題とそれるためそこには触れない。この舞台となる地名に「マウル」ということばが入ることからもわかるとおり、朴正熙《パクチョンヒ》政権（一九六三〜一九七九年在職）時代に行われた「セマウル（新しい村）運動」を想起させる。経済開発まっただ中だった一九七〇年代にソウルの郊外につくられた「新しい村」は、日本のニュータウンよろしく現在、再開発されるべき老朽化した地域なのである。犯人は「犯罪を犯しやすい場所」として、このような徐々に人口が減少し、再開発される候補地となっている場所を選んでいることがわかる。本文で書

いたような「広い意味での事故物件」事情は、韓国でも同じなのだ。犯罪者に狙われやすい女性、特に単身女性だからこそ、このような「事故物件」化しかけている築古集合住宅には住むべきではないと、私は考えている。では、女性は「高級住宅」に住めというのか、という批判もあるかも知れない。本題とはそれるため、これにも長く答えられないが、たしかに日本でも韓国でも、女性は男性より平均年収が低い傾向にあり、それにもかかわらず高い賃料を支払うことをすすめるのは本意ではないが、町や集合住宅の掲示板に書いてある文面が半年以上更新されていないところなどを避け、町内会のルールが守られていてゴミ収集所などがきれいなところに住居することが最善だと、私は考えている。また、厳しい（怖い）管理員や家主の家も悪くない。例えば、うっかりトイレのタンクを詰まらせて「水漏れ」を起こしたときに「トイレの前で大家に死ぬほど怒られた」（ニコルソン、２００８年、69頁）などは、その集合住宅のモラルを守る環境を維持している証拠だと、私は考えるからだ。

（8）　韓国映画の『싱크홀』（２０２１年、邦題『奈落のマイホーム』）は、日本でも韓国でも頻出している地下空洞（シンクホール）を題材にしている。特定の集合住宅の真下に穴が空き、集合住宅自体が穴に落ちるという設定だが、ここはもともと工業団地であったという話もある場所だ。当時、日本同様に首都近辺の集合住宅が高騰するなか、課長級の主人公が新築集合住宅の区分所有権を購入（三億九千万ウォン＝日本円にしておよそ五千万円）するには、このぐらいの「地目の悪さ」には目をつぶるしかなかったという背景が見え隠れしている。

（9）　小説家の三上延氏の小説『同潤会代官山アパートメント』は、関東大震災直後から親子四代にわたる大河小説だが、築五〇年になる昭和五二（一九七七）年の章で老齢に達した主人公の夫・竹井光生が「正直、三階まで自分の足が保《も》つとは思えない」（三上、２０２２年、２０２頁）と述懐している場面がある。

（10）　この法律では、家は「自らの重み」によって建つとされる。すなわち、「玉石《たまいし》」の上に柱を建てて家を作り、その重みで建築物全体を支えるという意味だ。これは、齋藤由紀編著『京都の町家を再生する』

（2015年）で、私が担当した第一部で書いたとおり、いわゆる基礎がない状態で建てられた「京町家」がすっぽりとあてはまる。あるいはその工法が「基準」化されたといっていいかも知れない。古い町家といえば、地震の際には積極的に倒れ、その柱と柱の折り重なった空間に人間が入る（命を守る）ことが想定されているという。

（11）京都の町家の基準は、この「建築基準法」以前のものということになっている。すなわち、基礎工事がなされた建物は、もはや伝統工法による「町家」ではないということだ。この判定は、のちに震災などが起きる度に問題となる「耐震強度」とは正反対であり、当然、「基礎工事をした新しい建物」への建て替えが促されることとなり、良くも悪くも、京都の町並みは破壊されていくこととなる。

（12）日本最初の分譲集合住宅は渋谷駅前にあった「宮益坂ビルヂング」だ。昭和二八（一九五三）年につくられた公営の分譲住宅で、住宅ローンがなかった時代、現金で買えるひとだけが入居できた。この建物は平成初期（一九九〇年代）には老朽化し、再建委員会が立ち上がったが、地権者がわからなくなっていることなどもあって、まったく新しい建物として再分譲されたのは平成二六（二〇一四）年であった。

また、多摩ニュータウンだが、これは「東京都と日本住宅公団、東京都住宅供給公社の共同事業として」計画された。「多摩市・八王子市・町田市・稲城市にまたがる二千九百八十四ヘクタールの広さと、三十万人の計画人口」を誇った。「入居開始は、［昭和四六］一九七一年三月二十六日。翌日の朝日新聞は〈〝陸の孤島〟へまず200世帯〉という見出しで引っ越し第一陣の様子を伝えている」（重松、2003年、240-241頁）。三月末の移住開始というあたりが、インフラ整備とともに小中学校の子どもが通う学校の設立などが想定されていたことが透けて見える。ここに入居するためには高倍率をくぐり抜けなければならなかった。「平均倍率でも七百六十四倍を記録した『四季の丘』全四十五戸」という土地付き一戸建ても含まれていたが、「鶴牧・南野地区で最高倍率二千四百二十一倍、稲城市の向陽台で二千八百七十六倍など、高い人気を保ちつづけた」（同書、249頁）。しかし、それから三〇年後には早くもそれらの家、施設の老朽化が取り沙汰され、居住者の老齢化が問題となっている（同書、２４７−２４８頁）。現在はそれからさらに三〇年、もう築五〇年以上の旧耐震基準の家と集合住宅群が放置された状態だといっていい。「夢のマイホーム」は、「くすんだ現実」に帰着しているのである。

（13）この「住宅ローン」に近いものはそれ以前からあった。阪急や阪神、東急が建設した住宅地も「割賦販売」はされていたからだ。しかし、一般のサラリーマンが住宅を購入するために広く銀行が融資するというのは、東京オリンピック（昭和三九／一九六四年）を前後する建築ラッシュ時にはじまる。多摩ニュータウン構想（昭和四〇／一九六五年）などは、この流れによるのである。逆にいえば、この時代はまだ、耐震基準すらままならない建物に、多額の借金をして入居していたことになる。

（14）築１００年を越える木造家屋（古民家）を再生させる建築家の降幡廣信氏は、いったん「骨組み全体を持ち上げてその下へ、現代の技術による強固な基礎工事を行う」（降幡、２００９年、５頁）といっている。クレーンで「古民家」を持ち上げ、新築同様の基礎工事を行い、その上に「古民家」を固定して再生させるわけだ。これを聞けばわかるだろうが、その工事には相当な経済的な負担と敷地面積が必要であること、そしてやはり地震多発国である日本では、新耐震基準による基礎工事が必要だということがわかる。

（15）この「外人」についてはは少し説明がいるだろう。洲脇一郎氏は「外国人は高齢者、障害者、乳幼児などと同様に災害弱者である」（洲脇、２０２２年、84頁）としながら、「日本側はどのように外国人を見ていたか」について議論している。そしてまず「欧米人78件３８、１５５円、中華民国人49件７、６７１円、旧ロシア人16件８５２円50銭、合計１４３件４６、６７８円50銭の寄付があった」と、多額の義捐金が寄せられたことを述べている（以上、同書、87頁）。当時の一円は、現在の金銭感覚でだいたい一五〇〇円程度だったと考えると、外国人からの義捐金はいまの金銭感覚で七〇〇〇万円程度あったことになる。しかし、「外国人の中には災害を誇大に海外に通信するおそれもあって厳重な視察・警戒を続行した」旨が『兵庫県水害誌』に書かれていると述べられている（同書、88頁）。また、朝鮮人や中国人に対しては、それ以上に「警戒」しており「□□□並要警戒人物の警戒取締」が警察内部で伝えられており、この「□□□」に入る文字は「『朝鮮人』あるいは『半島人』ではなかろうか」と述べている。要するに、関東大震災のときの朝鮮人虐殺、中国人虐殺、大杉栄ら「要警戒人物」の虐殺を実行したことが、内務省幹部の記憶に鮮明に残っており、そのような「虐殺」ではなく、「要警戒」にとどめていることがわかる。そして「その一方で朝鮮人による災害復興への協力は『内鮮一体化』の見地から賞賛されねばならなかった」ため、「朝鮮人」とはっきり書くことができず墨塗りとなり、さらには「吾妻通六丁目朝鮮奉仕団」について「美談」が残されている（以上、同書、89–90頁）と述べている。

（16）芦屋市の震災時のことは、京都府社会福祉協議会編『大震災下の福祉救援――芦屋市「社協現地事務所」の41日』に、震災後の毎日の動きを逐一記録した生々しい書も残されている。

（17）バブル経済と呼ばれた時期（昭和末期から平成初期／一九八〇年代後半）では、住宅ローンは年利八％ぐらいであったという。これはどのくらいの金利かというと、例えば五〇〇〇万円の物件を購入したとき、全額を三五年の住宅ローンでまかなう場合、全支払い金額は一億五〇〇〇万円となる、すなわち一億円もの金利を支払う計算となる。これが年利一％なら、六二五〇万円程度で済むわけだ。物件価格が仮に上昇しても、購入するひとが増えるのは、この総支払額の安さによるものだといえよう。

（18）尾﨑幸弘氏の本が出版されたのが令和四（二〇二二）年一月であることを考えると、「築40年」の集合住宅を買った女性の物件、昭和五六（一九八一）年六月以前に建築確認を取ったもので間違いない。集合住宅はどんなに小さなものでも建築確認を取ってから、竣工するまでおおむね一年以上はかかるからだ。少なくともここで紹介されている五人の女性のうち、四人までは旧耐震基準で建築確認を取った物件を購入している。

（19）ここまで集合住宅の購入について紹介しているが、当たり前だが東京の山手線の駅から徒歩圏内、あるいは京都、大阪、阪神間の主要駅から徒歩圏内に「家」を持とうとしたら、おいそれと「土地付き一戸建て」というわけにはいかないのではないか。なぜなら、地価があまりにも高いからだ。よって「集合住宅」を選択することになるのだが、そこには「新耐震基準」か「旧耐震基準」か、住宅ローン控除対象物件となるか否かという判断基準を持つ感覚は必要だと、私は思う。

(20) 「管理」の問題は、のちに述べているが、先にここで触れておこう。尾﨑氏の紹介する「家活」女子のなかに、「マンションの上階の住人が騒音トラブルを起こしており、管理会社が勧告しているものの、現在も改善されていないとのこと。(中略) しかし、そうした告知があったことから50万円の値下げを交渉していただき、最終的に3430万円での購入となりました」(尾﨑、2022年、133-134頁) というひとがいる。これは私の意見となるが、このような管理上の問題がある物件には、軽々に手を出すべきではないような気がする。「値引き交渉」をしたというが、三五歳の独身女性が築四五年の四三㎡の集合住宅を購入する際に、このような危険な隣人がいる「旧耐震基準」の物件（おそらく昭和五〇／一九七五年か昭和五一／一九七六年に竣工した集合住宅）を購入するのは心配ではある。もちろん、何度も現場を見ての結果としての購入だとは思うが、この集合住宅の住民のなかのごく一部とはいえ、騒音トラブルを起こしても気にならないような、いわゆる「マナーを守らないひと」がいるのは事実だということだ。だとすれば、今後もこのような問題は絶えないのではないかと、老婆心ながら思うのだ。

値引き交渉をするのなら、たったの五〇万円では割に合わない。一・四%しか引いてもらっていない計算になるからだ。もちろん、気に入った物件だったから購入したのだろうが、どんなに気に入っていたとしても、トラブルを抱えた物件は避けるべきだし、それでも「気に入っている」度合いが高いのであれば、ここは思い切って二〇〇～三〇〇万円の値引き交渉をし、それがだめなら別の物件を探すべきだったのではないかと、あくまでも個人的な意見だが、私は思ってしまう。これが、私にとっての「管理を買え」ということばの意味である。

(21) 住み込み形式の管理員である南野苑生氏は、自身の事業が失敗して集合住宅の管理員（管理人ではなく、正式にはこう呼ぶ）となったのだが、最初は「管理組合を牛耳る蟹江理事長」（南野、２０２０年、74頁）にずいぶん苦しめられる。「蟹江理事長はその時点で理事長になって7年が経過していた。理事会の理事たちは蟹江理事長の息のかかった人たちで占められ、堅牢な〝独裁体制〟が築かれていた」（同書、77-78頁）。「蟹江理事長は、個人で購入した物品を組合経費に混ぜて、まとめて領収書を切らせるなど、手を変え品を変え、管理組合費を私的に流用していた」（同書、79頁）。このような集合住宅は、決して「買うべき管理体制」ではないだろう。

（22）のちに述べるが、タワマンの場合、自分の住む住戸がある階数という「数値」化される部分が大きいように思う。タワマン購入者は、その数値によって他と比較しやすいため、わかりやすい数値で自分の立ち位置を知り、それなりの満足度を上げているのかも知れない。

（23）住宅ローンは、基本的に政府による金融政策に左右される。金利が上昇すれば、当然、その購入金額に付け加えられる利子が増えるから、消費者としては金利の安いうちに住宅を購入するというのは間違った選択とはいえない。しかし、支払金額の「上限」とはいくらなのだろうか。韓国生まれで、いまは日本に暮らしているシンシアリー氏は次のように語っている。「［日本では］たとえば家を買うなら、その返済に、所得のどのぐらいまで使っていいとお考えですか。個人的には3割までならいいかな、と思っています」（リー、２０２３年、16頁）。年収の三割を超えるとローン破綻の恐れが出てくるので（新型コロナウイルスによる社会の大変動で、それまで堅いとされていた鉄道や航空関係の会社でもボーナスや場合によっては給与までが激減し、ローン破綻者が増えたという）、二五％におさえるのが理想だと考える。しかし、シンシアリー氏曰く、韓国では事情が違い、「家を買った人たちだけに範囲を絞ってみますと、彼らは所得の60・6％（平均）を元利金返済に使っている、との結果になりました」（同書、17頁）。韓国では住宅購入は資産形成であるという意識が強く、あえて収入の六割までをその支払いにあてているというのだ。順調に安定成長をしている（安定したパーセンテージで賃金上昇、インフレを起こしている）韓国では、貯蓄では資産が目減り（物価上昇分、経済的な損失）するため、たしかな資産として住宅を購入していると考えていいだろう。このような状態を、シンシアリー氏は「人の霊、すなわち『霊魂（ヨンホン）』まで掻き集めて（クルーオーモア）、すなわち使えるものは全部使って借金しまくって、なにかに投資すること、それを『ヨンクル』と呼ぶようになりました」（同書、80頁）といっているように、かなり危険な素人投資が横行しているように、私には見える。

（24）はしゃ氏は購入物件を「もしもの時につぶしが利く物件である」、「駅から2分で人にも貸しやすくて売ってもたぶん1000万以上」（はしゃ、2023年a、16頁）と述べている。しかし、築四〇年超の旧耐震集合住宅を、仮にいま賃貸に出したとしたら、駅前だということを考慮しても月額七万円程度しかとれないだろうし、それから徐々に賃料は安くなっていくだろう。ましてや一〇年後となると月額六万強が限度だ。もちろん、売却はかなり難しいだろう。なぜなら、築六〇年を過ぎると解体を視野に入れなければならないし、それがスムーズに済んだとしても、解体費用は各住戸で負担することになるからだ。うまく規制緩和されて、建物を二倍の高さにすることで建てかえができるという好条件が整えば、新規売却分で解体・新築費用をまかなうことも可能だろうが、そこまで考えることは現実的ではない。竹島靖氏によれば、建てかえがうまくいった事例は、平成二五（二〇一三）年現在で「わずか138例です。これは、いかに合意形成［区分所有者全体の合意］が困難であるか。そしてマンションは耐久消費財であることを示しています」（竹島、2013年、84頁）。築五〇年を超えた物件を購入したがるひとが少ないのは、こういう背景があるからなのである。垣谷美雨氏の小説『ニュータウンは黄昏れて』（2015年）は、すったもんだの末に老朽集合住宅をタワマンに建てかえることに成功するという話だが、こんなことはほとんどありえないことなのだ。

（25）はしゃ氏の本には「給排水管を直すには3500万～4000万かかるとのこと。当マンションに貯まっている修繕積立金は1000万にも満たない」（はしゃ、2023年b、24頁）とある。要するに、管理状態がほんとうに悪かったのだ。「マンションは管理を買え」ということばが重く響く。最初の物件購入で大成功するということは難しいかも知れないが、最低でも「大規模修繕履歴」と「大規模修繕計画」、そしてその集合住宅が持っている「修繕積立金」がどれほどあるか、管理会社は信用できるかなどは調べるべきだったと、私は考える。

（26）　本論では触れないが、マンガ家の伊藤理佐氏も土地を買い、その上に注文住宅を建てている。彼女は集合住宅を所有していたが、友人から「一戸建てはおもしろいよねー」（伊藤、２００７年①、22頁）といわれ、「今すっごい家も土地も安くなってんだから!!　今しかないよ!!　今がチャンスよ!!」（同書、23頁）と背中を押されたことからはじまる。彼女は住み慣れた街で「20・14坪　４３２１・５万［円］　建ぺい率60％　容積率２００％」（同書、47頁）の土地を手に入れ、家を建てる。それは、トイレを吹き抜けにした三階建てというユニークなもので、非常に満足しているようだ。平成一一（一九九九）年のことだという。当時の住宅ローン金利は「３・２％」（同書、97頁）というから、いまから考えると高めだ。彼女の住宅購入は、結果からいうと、自由業であることを最大限いかして設計士、工務店と綿密な計画を練る。また、彼女が所有していた集合住宅は「２ＬＤＫです　駅前です　便利です　2年半住みました　５５４０万円で買いました」（伊藤、２００７年②、１０４頁）とあり、一戸建てをつくる際に売却するが、売り値は当初四五〇〇万円としたが、実際には「４１００万円」（同書、１３４頁）までさがった。それは銀行員から「1年〜1年半以内にその土地に『建物を建てる』のが条件なんです」（伊藤、２００７年①、91頁）とせかされたためだ。その結果一四四〇万円の赤字。もしも計画的に売りに出していれば、もっと高く売れたかも知れないし、賃貸に出す手もあったと思う。その意味では、本文で引用した東川氏とは違い、大成功した例とはいえないかも知れない。しかし、彼女自身は「もう一軒建てたい……❤」というほど満足している。「家づくりはおもしろかった」（伊藤、２００７年②、１６７頁）と発言していることからもこれは伝わる。問題は、満足度なのだと私は思うのだ。

(27) 大谷氏は西宮市内にある集合住宅(分譲および賃貸)に四〇〇〇の調査票を配布することを目指し、結果的には「3、828票の調査票のうち843票を回収し、全体での『回収率』は22・3%であった。配布方法別にみると、回収率は訪問法において49・6%と最も高い値を示している」(大谷、2012年、145-146頁)とあるように、郵送やポスティングでは有効回答がなかなか得られなかったことが述べられている。また、居住者の「隣人づきあい」に関しては、「年代が上がるにつれ、隣人づきあいをする人の比率が高くなる傾向が存在していたのである」(同書、185-186頁)とあるように、定年退職後の世代である六〇代や七〇代の人びとでは六割前後の隣人づきあいがあること(同書、185頁)、そして特に女性の方が隣人づきあいに積極的であること(同書、186頁)などが述べられている。しかしこれは、大谷氏が先行研究で挙げているフィッシャーの調査で得られた知見である「『その近隣に長く住んでいる人』、『年輩者』、『日中家にいがちな人(退職者・主婦)』等は近隣関係を比較的よくするといった、『属性面』での違いがあることが指摘されてきた」(同書、185頁)ということを裏書きする結果であり、しかも調査票回収率が二五%未満の大谷氏の調査で新たにわかったといえることはあまりないということを意味する。もちろん、米国での調査を行ったフィッシャーの場合、日本ではあまり表立って見えづらいエスニック・グループの問題に切り込んでおり、また調査対象も主に戸建てであったことなどをふまえると、複雑性のより高く思える米国都市部でいえた議論が、日本の西宮という都市部の集合住宅でもいえたということを明らかにしたという意味はある。

(28) この焼畑的な住居建設の例として、菜園さと氏の住宅購入が挙げられる(菜園、2010年)。彼女はマンガ家として活躍してるが、夫もサラリーマンであり、ふたりの収入で愛知県の名古屋市から少し離れた郊外に造成された宅地に家を建てるのだが、おそらく人口減少時代と並行して地価、家の資産性は上がるどころか下がり続けるだろう。最悪、せっかく建てたこの家が(流行語とはいえ、私個人的にはかなりきついことばだとは思うが)「負動産」になってしまう可能性もなくはないだろう。

(29) 芦屋市のみ、これを導入していない。尼崎市、西宮市、神戸市がそれを導入しているにもかかわらず、である。この芦屋の場合、独自の街づくり条例があり、無策定な人口のみを誘導するという考え方に抵抗しているように思われる。

(30) では、タワマンなら大丈夫なのかというと、そうではない。もともと「最終的に超高層マンションの寿命が尽きた時に、区分所有権を解消して解体するという合意形成ができるのか、その際の解体費用は捻出できるのかなど、一般的なマンションですら解決できていない分譲マンションの終末期問題が、超高層マンションではさらに大きくなってどうしようもなくなることも懸念されています」（野澤、2016年、40頁）。それだけではない、そもそもタワマンには安全性に疑問符がつくのだ。

例えば、碓井民朗氏は「タワーマンションには住宅としての魅力は一切ない。そんな物件を何の臆面もなく造り続けているデベロッパー自体、信頼するに足らない存在だと私は考えている」と宣言している。そして、超高層建築とは「地盤面からの高さが60m以上の建物のこと」と規定されており、「構造基準や防災基準等が厳しく法制化されている」と、タワマンの定義をしている（碓井、2012年、132頁）。その高さを維持するために湿式（コンクリート）ではなく、乾式（軽量気泡コンクリート、ALC板）を用いる工法を採用しているという。要するに、それだけ脆いのである。また、制震構造あるいは免震構造となっているため、地震に逆らわずにゆれて倒壊を避けるという構造になっているが、「2年前に超高層マンションの最上階を買ったところ、不眠症や倦怠感、めまいが起きるようになった」、「中高年層は、ストレスなどで『自律神経』が結構不安定になりやすいと言われるだけに、超高層マンションの上層階で暮らしていると、微妙な揺れで体調を崩してしまう危険性があるのではないだろうか」（以上、同書、134-135頁）と述べている。また駆体が乾式であることから遮音性が低く（同書、136頁）、「メリットは極端に言えば『眺望』しかない」（同書、148頁）とまで断言している。さらに、住育研究家を自称する竹島靖氏はタワマン上層階は「育児に不向き」だといい、スウェーデンでは子どものいる家庭は五階以上に住まないように指導され、「フランスでも、［一九］七三年に高層住宅の建設を禁じる通達が出され、以後建設はストップしたまま」、「イギリスでも、子育て世代は四階以上には住まないようにとする制限は続いている」という（竹島、２０１３年、71頁）。欧州では広く、高層住宅の危険性が叫ばれ、先進国がそれを率先して行っているというのだ。さらに竹島氏は、東京湾岸という地理的な状況から、その地盤の弱さを指摘しつつ、固い地盤まで杭を打っているが、「杭の長さは地盤の悪さ。長いほど要注意です」（同書、62頁）と述べている。碓井氏も「この物件［湾岸のタワマン］も支持層まで打ち込まれた杭は68ｍを超えていた。デベロッパーは液状化しても倒れないと言うが、支持層はかつての海底だ。［中略］仮に震度7以上になると、杭が折れる危険性がある」（碓井、２０１２年、84頁）。もしも杭が折れたらどうするのか、誰も考えていないのがタワマンの現状なのだ。

(31) 野澤氏は地方の住宅地の再生や「家いちば」というサイト（https://ieichiba.com/）を利用した地方への居住誘導に期待しているようだ。もちろん、なにもしないよりはましだろうが、少子高齢化が止められない状況を考えると、焼け石に水ではないかと、私には思えてならない。

(32) 私は、このようなタワマン人気は、国土交通省のコンパクトシティ構想と相関性があると考えている。もともと、規制をゆるめて都市部に集合住宅を多く建設し、そこに居住誘導するということは、少子高齢化による後期高齢者問題をにらんでのことだからだ。後期高齢者や、これから高齢化していく四〇代、五〇代の人びとには、バリアフリーという住環境が不可欠となる。エレベーターがあり、住居も階段のない平らな《フラット》住居であることは前提条件となるからだ。都心部は買い物至便で病院などの手配がしやすい地域であり、ここに住むように誘導するならば、どうしても大規模集合住宅が量産される必要があり、行き着く先としてタワマンがあるのではないだろうか。

(33) 不動産Gメンを名乗る滝島一統氏は、「不動産業界では、東京23区から足立区、板橋区、北区、江戸川区、葛飾区を除いた地域を東京18区と呼び、競争力があると考えられています。／これは私が言っているわけではなく、業者によってはこれらの地域（5区）は取り扱わないと明言しているのです。ただ、これらの区でも特別駅に近いなどのポテンシャルがあったり、北千住など人気の駅周辺物件は資産性が高いと思います」（滝島、2023年、99頁）。このように、東京二三区内でも人気のない「区」が存在している。本論で引用した碓井氏の弁にある「3A」は逆に、もっとも狭い区域——地位《ちぐらい》がもっとも高い町——を指しているといえよう。あえて、どの「区」が不動産価値を保てるかと問われれば、港区、中央区、千代田区、渋谷区などがもっとも高いということだろう。しかし、大田区にも田園調布のような高級住宅街もあるし、新宿駅周辺はきわめて資産性が高いなど、それぞれの物件の条件によって不動産価値は上がりもするし、下がりもするだろう。やはり資産価値を保ちやすい都市は、かなりの大都市に限られる。不動産価格なかんずく集合住宅の価格が維持あるいは高騰しているのは、大都市に限定されているという。不動産Gメン的にいうと、はたして大阪市は実質何区で、京都市は実質何区なのだろうか。気になるところだ。

（34）　早瀬利之氏によれば、この東久邇宮内閣を構想した陰の功労者は石原莞爾であったという。早瀬氏はいう。石原莞爾は東条英機とぶつかって、戦時中に退役させられ「冷や飯」を食わされていた。しかし、ポツダム宣言受託へと鈴木内閣が動くと、陸軍少佐・吉住菊治は石原の指示を仰ぎ、「反乱軍の鎮撫」のために東久邇宮稔彦王に組閣することを助言した。「吉住は東京へ引き返すと、直ちに大本営に駆け込んで石原の構想を報告。作戦課長・服部卓四郎から石原の『子分』である参謀次長・河辺虎四郎に伝わったとみられ、河辺から木戸幸一内大臣の耳に入ると、木戸に代わり秘書官長の松平康昌が［8月］14日午後、麻布の家を空襲で爆撃され川崎の別荘に逃れていた東久邇宮と面談。和平交渉の経過やポツダム宣言受諾が御前会議で昭和天皇の聖断により決定された状況を説明したのち」、総理大臣を引き受けてもらえないか、早くも打診していたという（早瀬、2021年、54頁）。『東久邇日記』にも昭和二〇［一九四五］年八月一六日の記載として「［木戸幸一内大臣から］一昨夜、近衛師団の一部が宮城に侵入した事件［森赳近衛師団長暗殺事件」があったが、今後陸軍が和平反対で何をしでかすかわからないから、陸軍を統制することができる人が絶対に必要である。今回は重臣会議を開かず、陛下の思召しによって決定することになった。この際、私（東久邇宮）がなおも辞退する時は、陛下にご心配を掛け困らせることになるから、ぜひ内閣を組織するように」（東久邇、1968年、206頁）と書かれている。

（35）厳密にいうと、「同潤会アパートメント」以前にも、鉄筋コンクリート造の集合住宅は存在した。具体例を挙げると、大正五（一九一六）年につくられた「三菱炭鉱の坑夫向け住宅」と、大正一二（一九二三）年の「東京市営古石場住宅」などがある。前者は、現在「軍艦島」の名前で知られる世界遺産の一部であり、後者は「関東大震災の数ヶ月前」に完成したものだ。古石場住宅は「三階建の1号館は、各階に二部屋（三畳と六畳）の住宅二八戸と、一部屋（六畳または七畳）の住宅二八戸があ」り、五号館まであったという（ブルディエ、1992年、132-133頁）。これらが「同潤会アパートメント」と決定的に違うのは炊事場がないことなどで、のちに本論で見る西山夘三が京都で学生時代に暮らしていた単身者用集合住宅と大差がない。余談だが、この「同潤会代官山アパートメント」や「同潤会江戸川アパートメント」、「同潤会大塚女子アパートメント」などが解体される直前にこれらを映像に残したものとして、『同潤会アパート　深田恭子』（2003年）がある。

（36）ただし、この郊外の一戸建て賃貸住宅は人気がなく、「それよりも需要が大きかった長期の分割支払いによる分譲住宅の供給に移行した」。特に「昭和3［一九二八］年からは中産階級向けに勤め人向け分譲住宅を、昭和9［一九三四］年からは工場労働者向けに職工向け分譲住宅を建設し、社会の中堅で働く人々の要望の高い戸建の持ち家を供給した」（佐藤ほか、1998年、13-14頁）。関西で阪急電車が沿線の住宅開発をし、勤務地までの足として電車を利用してもらうことを考案し、東京でも東急電車が田園調布などで行っていた住宅販売が、エリート層（大卒のサラリーマンあるいは官僚）を対象としていたのに対して、同潤会は一般的な階層の人びとにまで住宅販売をしていたのだ。ただし、もっとも注目されかつもっとも成果をあげたのは「同潤会アパートメント」であったことはいうまでもない。ただし、同潤会の分譲住宅は「勤め人向けと名づけられ山の手方面に供給された独立住宅は、技術的にも設計の面でも質が高く、当時の日本の住宅建築の模範ともいえるものであった」（同書、14頁）ことから、やはり主な対象はエリート層だったのがわかる。

（37）　この「同潤会アパートメント」は今世紀に入ってすべて撤去され、新しく立て直された。所有権者が多く、しかも所有権者の死後に誰が所有権を相続しているのかわからない場合も多数あり、この建て替えにはそうとう苦労があったようだ。しかし、一方で「同潤会アパートメント」と同じ趣旨でつくられた集合住宅がわずかに残っている。代表例が、大阪市都島区、都島駅近くにある「トヨクニハウス」だ。同潤会をお手本に「［一九］三二年に賃貸用に建築」され、「アールデコ風円窓の付いた六棟が、路地を挟んで向き合う一画は昔のまま」（朝日新聞「わが家のミカタ」取材班、2009年、206頁）だ。本論で述べるように「同潤会アパートメント」の母体「同潤会」は、のちに「住宅営団」となり、その住宅営団こそ、労働者のための住宅をつくっていったのだ。しかし、同営団は昭和二一（一九四六）年にGHQの命令で解散させられてしまった。ゆえに、敗戦後に戦火から焼失を免れた「同潤会アパートメント」は、当時の居住者に所有権を譲るかたちになった。ただし、トヨクニハウスの場合は、所有権者が紆余曲折を経るものの、現在ひとりである。ゆえに、この建物だけが現在まで残っているというい方もできる。

（38）　西山夘三が敗戦前にまとめた『国民住居論攷』によれば、「昭和十年、大学院に居た著者は大阪府建設課に在職の親友荒木・和田両君と、学生時代からの共同研究課題であった住宅問題を更に現実と結びつけて掘り下げるため協同研究を始めた」（西山、1944年、50頁）とあり、ここで大阪や京都などの庶民の住居の実態が明らかにされている。これが、日本最初の「動線」にかかわるサーベイ調査となったわけだ。この結果は、住宅営団での彼の仕事に大きく寄与し、「食寝分離論」の展開（昭和一七／一九四二年）で、食事をする部屋と寝室を別にすることを提唱。「寝室分解」（子どもができたため、極小住宅では子どもの寝る部屋と親の寝る部屋が別になり、結局食事室がなくなってしまうこと）の実態など、さまざまな住宅政策の基礎となっていく。そして本論にあるように、西山は住宅営団に勤めはじめる「一九四〇年代のはじめ頃から」「庶民住宅の住み方調査」（鈴木、２００６年、95頁）を本格化したのだ。

（39）　ここは昭和九（一九三四）年につくられた二六〇戸を擁する集合住宅で、「同潤会アパートメント」では唯一、エレベーターを備えていた。またのちに本論で述べるように、敗戦後に「同潤会アパートメント」は「大塚女子アパートメント」を除いてすべて住民に「分譲」されたが、「詩人の堀口大学や演劇評論家の坪内士行などが住んで文化人アパートと呼ばれた江戸川アパートは、当初からの住人の一人であり、自治会の理事長を務めた川島外治が三億円で買い取り、住人に無償頒布した。川島外治は日本銀行に勤務し、退職後はアジア会館の理事や上智大学の役員などを務めた人物だという」（川口、２０１０年、１４７頁）。この当時の三億円は、現在の金額にして六〇億円～九〇億円近い金額で、並みの人間が出せるものではない。川島はチベッサー著『信仰と社会生活』（昭和三〇［一九五五］年）の翻訳をした、クリスチャンであり、慈善家であったうえ、経済力もあったということだろう。

（40）　この住宅の「月賦（割賦販売）」の歴史は、明治二九（一八九六）年に安田善次郎が東京建物会社を設立して行ったことにはじまる。これは「日本最初といえる近代的不動産会社」であり、「同社は、安田系行社八社の一つに加えられるとともに、その後今日まで存続しつづけ、その歴史は百年をこえている」（由井、２０１０年、２２２頁）。「資本金一〇〇万円」で、「日本橋区［現中央区］呉服町一八番地所在の不動産業者の三固商会の建物（墨塗土蔵造り）と営業を買収、本社をここにおいて一〇月一日に開業した。当初の支配人は、三固商会主の木村粂一《きむらくめいち》が当っている」（同書、２２３頁）。当時の一円が現在の金銭感覚で一万円強なので、いまなら資本金一〇〇億円、会社の位置も東京のど真ん中であり、いきなり大企業として創業している。買い取った三固商会の主を支配人としているのも、人間関係を重視する安田善次郎の人柄をあらわしている。「東京建物の創業は大いに歓迎され、創業当初は業績も順調であった。しかし時期尚早の観もあって、明治三十年代の業績は、必ずしも好調とはいえなかった。本格的な業務の発展は、都市において中産階級が着実に形成される大正時代になってからのこととなる」（同書、224頁）。阪急が宝塚温泉を開発し、宝塚少女歌劇第一回公演も大正三（一九一四）年、阪急沿線の芦屋などが住宅開発されていくのはそののちのことである。同じく渋沢栄一が田園都市株式会社を設立したのが大正七（一九一八）年、田園調布で住宅が分譲されるのは大正一二（一九二三）年で、この田園都市株式会社が東急電鉄、東急不動産の元となる。「この会社は英人エベニーザー、ハワードが自著の書物の中に田園都市と称へて説いた処の理想を兎に角にも具体化した第一の試で」（田園都市株式会社編、1923年、3頁）、事業地は「東京府荏原郡洗足池《せんぞくいけ》附近及び碑衾《ひぶすま》村平南大岡山《たいらみなみをうおかやま》一円並に調布《てうふ》、玉川《たまがわ》両村に亘る多摩河畔一帯の地合計約四十六万坪の勝地」（傍点は原文ママ。同書、7頁）としている。現在の田園調布を中心とした、東急電車沿線の高級住宅街がすでにこのとき開発対象となっている。この開発地の条件は七つあり、その「一、土地高燥にして大気清純なること」や「四、一時間以内に都会の中心地に到達し得べき交通機関を有すること」（以上、同書、5-6頁）があることなどから、英国のカントリー・ジェントルマンにならった、日本版田園都市を理想としていること、そして東京都心部まで結ぶ電車が引かれることが想定されていることがわかる。しかし当時、東京の田園調布や兵庫県の芦屋などで住宅を購入できたのはエリート層。毎月決まった額（かなりの額になると考えられる）をきちんと支払えるからこそ、それらの土地と建物を手にできたのだろう。

ちなみに、住宅ローンの本格的な始動は、昭和二五（一九五〇）年に住宅金融公庫が設立されたことによる。「同潤会アパートメント」の分譲も、この住宅金融公庫抜きでは語れない。そして、区分所有法施行（昭和三八／一九六三年）と前後して、一九六〇年代に「ニュータウン」や「団地」といった計画的住宅開発、分譲集合住宅の販売と高度経済成長という時代背景を追い風に、民間金融機関での「住宅ローン」が「商品」化され、現在に至るのである。

（41）郭茂林（1921～2012年）は台湾近代建築の父とでもいうべき存在であり、また日本でも一時代を築いた建築家である。有名なところでは、霞が関ビルの設計・建設（昭和四三／一九六八年）を担っている。彼については、日本語と中国語（台湾繁字体）の対訳による評伝『巨塔の男　郭茂林』（2012年）がある。また、酒井充子監督のドキュメンタリー映画『空を拓く　建築家・郭茂林という男』（2012年）があるが、私は未見である。

（42）長野まゆみ氏の小説に、『団地で暮らそう！』というものがある。昭和末年に生まれた「安彦くん」が、昭和レトロに興味を持って、「本書で話題の中心となるのは一九六〇年代から七〇年代に集中的に建設された旧来型の団地」（長野、2014年、5頁）に住むという内容だ。一九六〇年代の建築物で、「昭和三十年代に建てられた鉄筋コンクリートの〈団地〉」（同書、18頁）に、彼は入居する。「2K」という「数字と記号は、ふたつの和室（わざわざ説明がなくとも、Kと組むのは和室ときまっている）とキッチンからなる間取りをあらわして」おり、「30㎡内外の床面積で、安彦くんの部屋は27・44㎡（およそ10坪）だ」（同書、9頁）という。まず彼はこの「部屋」にはあるはずの設備がなく、知らない設備があることに驚いていくのだが、「2Kと1Rのあいだには、祖父母と孫ほどの世代間格差がある」（同書、10頁）と述べている。そうなのだ、「51C型」に近い存在がここにある。そしてそれは、「KおよびDKタイプとLDKタイプのあいだには、文字情報をはるかに超える構造上のちがいがあるのだ」（同書、11頁）と驚きを隠さない。例えば「冷蔵庫を置く場所がないか、あるいはいちじるしく小さいスペース」だったり、「お湯を使いたい場合は、べつにガス湯沸かし器を設置する必要がある」こと、「室内に洗濯機をおく場所がない」など（同書、12頁）、数えあげればきりがないほどだ。それらの機械が民間に行き渡る前の建物だから仕方がないのだが、このように「51C型」は「nLDK」とは根本的に概念が違うのである。上野氏のように、「51C型」を「nLDK」の元祖と位置づけるのは、むしろ暴論に近い。

（43）都内一等地に現存するこの時代の団地として、青山北町アパートメント（昭和三五～昭和四〇／

一九五七〜一九六〇年頃）がある。まだ一部が残っているが、給水塔（当時は電動ポンプで水を各部屋に送る技術がなかったため、いったん給水塔に水をためて、引力を使って水を供給していた）や焼却炉も見ることができる。また、横溝正史はこの「新しい町」である団地に注目し、『白と黒』という推理小説を書いている。

参考文献

青柳聡、２０１０年「復興プロセスにおける応急仮設住宅団地の仮設市街地化に関する研究――関東大震災にはじまる応急仮設住宅団地の歴史」『大学院紀要』第47号、東洋大学大学院。

朝日新聞「わが家のミカタ」取材班、２００９年『わが家のミカタ――天下無敵の住まい術』岩波書店。

秋山英樹、２００８年「建物の耐震性に関する基礎知識～重要事項説明『建物診断の有無』で気になるこんなこと～～地震が起きるたびに気になるこんなこと～」『紙上研修』第81号、公益社団法人全国宅地建物取引業保証協会。

芦屋市、１９９０年『芦屋のうつりかわり――市制施行50周年記念写真集』芦屋市。

伊藤理佐、２００７年『やっちまったよ一戸建て!!』①～②、文春文庫ＰＬＵＳ（初刷は２００５年）。初出は２００１年、双葉社。

インゲルス，マーガレット著・東洋キャリア工業株式会社調査室編、１９９０年『空気調和の父――ウイリス・ハヴィランド・キャリア』東洋キャリア工業株式会社。初出は１９５７年。

碓井民朗、２０１２年『99％のマンションは買う価値なし！――ベテラン設計士が指南する「本物」の見分け方』講談社。

大谷信介、２０１２年『マンションの社会学――住宅地図を活用した社会調査の試み』ミネルヴァ書房。

大月敏雄、２００３年「集合住宅寫眞館（20）トヨクニハウス」『住宅建築』第３４１号、建築資料研究社。

尾崎幸弘、２０２２年『富女子の「家活」論――「この先」の不安をなくす』主婦の友社。

小野浩、２０１０年「第二次世界大戦直後の応急住宅対策――建築資材・資金問題を中心に」『立教經濟學研究』第63巻４号。

小野不由美、２０１５年『残穢』新潮文庫。初出は新潮社、２０１２年。

垣谷美雨、２０１５年『ニュータウンは黄昏れて』新潮文庫。初出は２０１３年、新潮社。

柄澤薫冬・窪田亜矢「阪神・淡路大震災の被災地である芦屋市若宮町における復興評価に関する研究――被災前・被災直後・20年後の現在の日常のまちづくりに至る復興プロセスに着目して」『都市計画論文集』第50巻3号。

カラスヤサトシ、２００８年『おのぼり物語』竹書房。

川口明子、２０１０年『大塚女子アパートメント物語　オールドミスの館にようこそ』教育史料出版会。

川久保清、１９９０年「生活習慣病といわれる成人病」『厚生』第45巻1号、日本循環器病予防学会。

許志祥編著、２０１２年『巨塔の男　郭茂林』呉譲治建築文教基金会（台湾）。

京都府社会福祉協議会編、１９９６年『大震災下の福祉救援――芦屋市「社協現地事務所」の41日』昭和堂。

岸本葉子、２００２年『マンション買って部屋づくり』文春文庫。

――――、２０１５年『ちょっと早めの老い支度』角川文庫。

くりた陸、２０１７年『陽だまりの家――乳がんに襲われ余命宣告を受けた少女漫画家の家族への手記』秋田書店。

兒玉州平、２０２１年「銃後の災害復興計画――阪神大水害後の山手新国道計画をめぐって」『山口經濟學雜誌』第69巻6号。

菜園さと、２０１０年『家活　イエカツ!!――実録!!　マイホーム獲得コミックエッセイ』彩図社。

最新工学普及会編、１９３２年『最新工学パンフレット（25）冷凍（冷房篇）』最新工学普及会。

齋藤由紀編著・李建志共著、２０１５年『京都の町家を再生する――家づくりから見えてくる日本の文化破壊と文化継承』関西学院大学出版会。

佐藤滋・高見澤邦郎・伊藤裕久・大月敏雄・真野洋介、１９９８年『同潤会のアパートメントとその時代』鹿島出版会。

沢木耕太郎、２００４年『テロルの決算』（『沢木耕太郎ノンフィクション第Ⅶ巻　１９６０』所収）、文藝春秋社。初出は１９７８年、文藝春秋社。

重松清、2003年『世紀末の隣人』講談社文庫。初出の講談社『隣人』(2001年)に大幅加筆訂正。

志水徳人、2018年、「『後世に伝えるべき治山』60選シリーズ　豊かな緑を未来に――六甲山の治山事業」『水利科学』第61巻6号。

下川裕治、1995年『芦屋女性市長震災日記』朝日新聞社。

主婦の友インフォス情報社編、2015年『事故物件サイト・大島てるの　絶対に借りてはいけない物件』主婦の友インフォス情報社。

昌子住江、1993年「1938年阪神大水害と神戸の復興計画」『土木史研究』第13号。

神保宰雄、1960年「平田徳太郎博士を悼む」『天気』第7巻9号、公益社団法人日本気象学会。

洲脇一郎、2022年「1938年阪神大水害――都市計画・復興委員会・外国人」『教職課程・実習支援センター研究年報』第5巻、神戸親和女子大学教職課程・実習支援センター。

鈴木成文、2006年『五一C白書――私の建築計画学戦後史』住まいの図書館出版局。

鈴木成文・上野千鶴子・山本理顕・布野修司・五十嵐太郎・山本喜美恵、2004年『「51C」家族を容れるハコの戦後と現在』平凡社。

高橋惇、2019年「人と熱との関わりの足跡(その5)――我が国の空気調和の父　柳町政之助の偉業」『伝熱』第58巻245号、公益社団法人日本伝熱学会。

滝沢秀一原作／構成・滝沢友紀まんが、2019年『ゴミ清掃員の日常』講談社。

滝島一統、2023年『誰でも儲かる、わけがない　初めての不動産投資必勝ルール――罠を見抜いてお金を増やす』KADOKAWA。

竹島靖、2013年『危ない「住活」――いい家を買う50のヒント』竹書房新書。

武田俊平・園部英俊・佐藤せつ子・斎藤千枝子、1998年「基本健康診査受診者における生活習慣」『日本公衆衛生雑誌』第45巻5号、日本公衆衛生学会。

田嶼尚子・植木浩二郎・横山徹爾・池上博司・今川彰久・浦上達彦・菊池信行、2018年「『インスリン分泌が枯渇した1型糖尿病』とは」平成29年度　厚生労働科学研究補助金　1型糖尿病の実態調査、客観的診断基準、日常生活・社会生活に着目した重症度評価の作成に関する研究（https://dmic.ncgm.go.jp/content/type1_insulin_20180817.pdf）。

田淵潔編、1938年『神戸市水害復興勤労奉仕記念』神戸市役所。

チベッサー著・川島外治訳、1955年『信仰と社会生活』中央出版社。

塚原太郎、1997年「『生活習慣病』という概念の導入について」『栄養学雑誌』第55巻5号、日本栄養改善学会。

辻原万規彦、2010年「熊本県立大学講義録　住環境調整工学（第5回目）冷房の歴史」熊本県立大学環境共生学部。

田園都市株式会社編、1923年『田園都市案内』田園都市株式会社
戸川昌子、1998年『大いなる幻影』『江戸川乱歩賞全集第四巻』所収、講談社文庫。初出は1962年、講談社。

長野まゆみ、2014年『団地で暮らそう！』毎日新聞社。

南野苑生、2020年『マンション管理員オロオロ日記――当年72歳、夫婦で住み込み、24時間苦情承ります』フォレスト出版。

ニコルソン，ニコ、2008年『上京さん』ソニーマガジンズ。

西山夘三、1944年『国民住居論攷』伊藤書店。

――、1965年『住み方の記』文藝春秋新社。

西脇和彦、2013年『ブックレット近代文化研究叢書9　高度成長期の生活文化――新聞記事にみる郊外の団地・ニュータウンの視点から』昭和女子大学近代文化研究所。

野澤千絵、2016年『老いる家　崩れる街――住宅過剰社会の末路』講談社現代新書。

――、2018年『老いた家　衰えぬ街――住まいを終活する』講談社現代新書。

橋本文隆・内田青蔵・大月敏雄、2003年『消えゆく同潤会アパートメント――同潤会が描いた都市の住まい・

江戸川アパートメント』河出書房新社。

はしゃ、２０２３年ａ『中古マンションではしゃぐ。』自家版（Ｂｏｏｔｈにて販売）。

――――、２０２３年ｂ『中古マンションではしゃぐ。売却編』自家版（Ｂｏｏｔｈにて販売）。

早瀬利之、２０２１年「終戦『東久邇宮内閣』を生んだ〝影の首相〟『石原莞爾』最期の日々」『週刊新潮』第66巻31号。

東川立来、２０１２年『33歳年収６００万円のサラリーマンが「芦屋」に家を建てるまで』主婦の友社。

東久邇稔彦、１９６８年『東久邇日記――日本激動期の秘録』徳間書店。

日野原重明、２０１３年「日本総合健診医学会　第41回大会・基調講演　総合健診に健康増進プログラムをどう取り入れるか」『総合健診』第40巻3号、日本総合健診医学会。

平田徳太郎、１９２２年「大正四年七月二十四、五日の漢江流域の豪雨に就て」『氣象集誌』第41年11号、公益社団法人日本気象学会。

平山夢明、２００６年『いま、殺りにゆきます』英知文庫。

降幡廣信、２００９年『民家建築の再興』鹿島出版会。

ブルディエ，マルク、１９９３年『同潤会アパート原景――日本建築史における役割』住まいの図書館出版局。初刷は１９９２年。

堀江貴文、２０１８年『マンガ版　堀江貴文の「新・資本論」』宝島社新書。

正井泰夫、１９９８年「都市・集落居住性と自然環境の関係に関する研究災害都市神戸――１９３８年の神戸・阪神大水害と１９９５年の阪神・淡路大震災」『立正大学人文科学研究所年報』第35号。

丸山岩三、１９８７年「熊沢蕃山・宇野円三郎・平田徳太郎と山本徳三郎（Ｖ）――山陽道の山野を背景として」『水利科学』第30巻6号。

三浦展、２０２２年『昭和の東京郊外　住宅開発秘史』光文社新書。

三上延、２０２２年『同潤会代官山アパートメント』新潮文庫。

水凪トリ、2021年~現在、①~④、以後続刊『しあわせは食べて寝て待て』秋田書店。

南昌江、2018年『わたし糖尿病なの――あらたなる旅立ち』医歯薬出版株式会社。

宮原浩二郎・森真一、1998年「震度7の社会空間――芦屋市の場合」『社会学評論』第49巻1号。

宮脇檀、1998年『男と女の家』新潮社。

村上晴茂・鏡原聖史、2020年「六甲山上における崩壊地の特徴と危険度評価」『水利科学』第64巻1号。

柳町政之助、1922年『暖房と換気　温湿度調整法　後編』大日本工業学会。

――――、1924年『我家の煖房』大倉書店。

山口敬太・西野康弘、2014年「神戸市河川沿緑地の形成とその構想の起源――古宇田實の水害復興構想とその戦災復興への影響」『都市計画論文集』第49巻1号。

山田裕司、2018年「六甲山における治山対策の歴史と今後――自助・共助・公助の展開」『水利科学』第62巻4号。

山本理奈、2014年『マイホーム神話の生成と臨界――住宅社会学の試み』岩波書店。

由井常彦、2010年『安田善次郎――果報は練って待て』ミネルヴァ書房。

有限会社ユナイテッドデザイン編、2001年『同潤会アパートメント写真集　Design of Doujunkai――甦る都市の生活と記憶』建築資料研究社。初刷は2000年。

横溝正史、1961年『白と黒』東都書房。

吉川祐介、2022年『限界ニュータウン――荒廃する超郊外の分譲地』太郎次郎社エディタス。

リー，シンシア、2023年『韓国の借金経済』扶桑社新書。

参考映画

イ・グォン〔이권〕監督・脚本、2018年『ドアロック〔도어락〕』映画社ピアノ〔영화사 피아노〕。

キム・ジフン〔김지훈〕監督・脚本、2021年『奈落のマイホーム〔싱크홀〕』ショーボックス〔쇼박스〕。

クォン・オスン（권오순）監督・脚本、２０２１年『殺人鬼から逃げる夜（ＭＩＤＮＩＧＨＴ）』ＣＪ ＥＮＭ。

ポン・ジュノ（봉준호）監督・脚本、２０１９年『パラサイト――半地下の家族（기생충）』ＶＡＰ。

ＢＳ ＦＵＪＩ・株式会社ホリプロ、２００３年『同潤会アパート　深田恭子』株式会社ホリプロ。

参考ＨＰ

大島てる事故物件サイト（https://www.oshimaland.co.jp）、２０２３年７月検索。

地方独立行政法人東京都健康長寿医療センター研究所ＨＰ（粟田主一（副所長）研究課題「若年性認知症の有病率・生活実態把握と多元的データ共有システム」https://www.tmghig.jp/research/release/cms_upload/%E8%8B%A5%E5%B9%B4%E6%80%A7%E8%AA%8D%E7%9F%A5%E7%97%87%E3%81%AE%E6%9C%89%E7%97%85%E7%8E%87%E3%83%BB%E7%94%9F%E6%B4%BB%E5%AE%9F%E6%85%8B%E6%8A%8A%E6%8F%A1%E3%81%A8%E5%A4%9A%E5%85%83%E7%9A%84%E3%83%87%E3%83%BC%E3%82%BF%E5%85%B1%E6%9C%89%E3%82%B7%E3%82%B9%E3%83%86%E3%83%A0.pdf（https://www.tmghig.jp/research/release/2020/0727-2.html）、２０２３年７月検索。

国土交通省ハザードマップポータルサイト（https://disaportal.gsi.go.jp/）、２０２３年７月検索。

ＳＵＵＭＯ（https://suumo.jp/koshinetsu/）、２０２３年７月検索。

家いちば（https://ieichiba.com/）２０２３年７月検索。

あとがき

日本社会ではまだ、不動産は資産だという意識が抜けていないと、私は思います。これはたしかではありません。しかし、土地ならどこでも価値があると考えるのは間違っていると、本論で述べました。

私は難病であるがゆえ、芦屋で拠点を得ようと努力しました。ほんとうによく本を読んだし、実地も体験したし、内見した物件も多いです。しかし、「はじめに」で述べたように、私は難病であることが原因で、銀行からの融資を渋られました。

たしかに、審査のゆるいA社なら借りられるし、B社も可能でしょう。しかし、こんな最近の「アベノミクス」に乗って雨後の筍のように出来た銀行……といえるかどうかあやしい会社から、数千万円を借りるほど、私の心臓は強くありません。

もちろん、芦屋での拠点を諦めたわけではありません。日経平均株価と日銀の金利変動を注視しつつ、自己資金を積んで、結論を出したいと考えています。そういった意味では、本書は現在進行形なのです。そう、実際にこの「あとがき」を書いている令和五（二〇二三）年一一月現在、私はかつてのゼミ生が勤めている芦屋の不動産会社を仲介に、芦屋市の「田の字」に近い場所にある一戸建てを購入するか、検討しているのです。不思議な「ご縁」ですが、今回はメガバンクの事前審査を通り、団信も通ってしまいましたので、可能性はかなり高いです。このあたりの「土地」なら、仮に一時的に値下がりしても、いずれまた現在ぐらいの地価を保てると信じています。

さまざまな分野に飛んで、読みにくい本だったかもしれませんが、この本で書かれたことは、私が個人的に「身銭を切る」覚悟で挑戦した、「令和マンションブーム」戦記なのです。そして、この成果は今後も生きてくれると信じています。みなさまのお役に立てていたとしたら、望外の幸せです。

令和五年一一月　京都の築一〇〇年の寓居にて

李　建志

なお、本研究のうち、主に4章および7章、そしてコラム4~5は、科学研究費研究課題基盤研究C「大日本帝国と李垠――朝鮮最後の王から見た日韓の比較文化研究」（課題番号：19K00538）の成果の一部である。

著者略歴

李 建志（り・けんじ）

昭和 44（1969）年、東京生まれ。

東京大学大学院総合文化研究科比較文学比較文化専攻修士課程修了、博士課程満期退学。平成 12（2000）年 4 月、京都ノートルダム女子大学人間文化学部専任講師。

平成 15（2003）年 4 月、県立広島女子大学国際文化学部助教授（准教授）。

平成 22（2010）年 9 月、関西学院大学社会学部教授（現在に至る）

K. G. りぶれっと No. 58
「令和マンションブーム」から考える
日本の住宅論
日本社会にとっての「家」

2024年2月20日 初版第一刷発行

著　者　　李 建志

発行者　　田村和彦
発行所　　関西学院大学出版会
所在地　　〒662-0891
兵庫県西宮市上ケ原一番町 1-155
電　話　　0798-53-7002

印　刷　　協和印刷株式会社

Printed in Japan by Kwansei Gakuin University Press
ISBN 978-4-86283-375-4

関西学院大学出版会「K・G・りぶれっと」発刊のことば

大学はいうまでもなく、時代の申し子である。

その意味で、大学が生き生きとした活力をいつももっていてほしいというのは、大学を構成するもの達だけではなく、広く一般社会の願いである。

研究、対話の成果である大学内の知的活動を広く社会に評価の場を求める行為が、社会へのさまざまなメッセージとなり、大学の活力のおおきな源泉になりうると信じている。

遅まきながら関西学院大学出版会を立ち上げたのもその一助になりたいためである。

ここに、広く学院内外に執筆者を求め、講義、ゼミ、実習その他授業全般に関する補助教材、あるいは現代社会の諸問題を新たな切り口から解剖した論評などを、できるだけ平易に、かつさまざまな形式によって提供する場を設けることにした。

一冊、四万字を目安として発信されたものが、読み手を通して〈教え－学ぶ〉活動を活性化させ、社会の問題提起となり、時に読み手から発信者への反応を受けて、書き手が応答するなど、「知」の活性化の場となることを期待している。

多くの方々が相互行為としての「大学」をめざして、この場に参加されることを願っている。

二〇〇〇年　四月